HR精英必备的财务思维

朱菲菲 ◎ 编著

中国铁道出版社有限公司
CHINA RAILWAY PUBLISHING HOUSE CO., LTD.

图书在版编目（CIP）数据

HR 精英必备的财务思维 / 朱菲菲编著 . -- 北京：中国铁道出版社有限公司，2025. 10. -- ISBN 978-7-113-32486-5

Ⅰ. F275

中国国家版本馆 CIP 数据核字第 20253735U5 号

书　　名：HR 精英必备的财务思维
　　　　　HR JINGYING BIBEI DE CAIWU SIWEI
作　　者：朱菲菲

策划编辑：王　佩
责任编辑：杨　旭　　　编辑部电话：(010) 51873274　　电子邮箱：823401342@qq.com
封面设计：宿　萌
责任校对：安海燕
责任印制：赵星辰

出版发行：中国铁道出版社有限公司（100054，北京市西城区右安门西街 8 号）
网　　址：https://www.tdpress.com
印　　刷：天津嘉恒印务有限公司
版　　次：2025 年 10 月第 1 版　2025 年 10 月第 1 次印刷
开　　本：710 mm×1 000 mm　1/16　印张：13.5　字数：186 千
书　　号：ISBN 978-7-113-32486-5
定　　价：69.80 元

版权所有　侵权必究

凡购买铁道版图书，如有印制质量问题，请与本社读者服务部联系调换。电话：(010) 51873174
打击盗版举报电话：(010) 63549461

前言

人力资源管理者（以下简称"HR"）需要具备财务思维吗？

可能很多 HR 对此不太理解。我只是负责人事管理工作，为什么还需要具备财务思维？这是不是有点强人所难了？如果你这么想，那么你的工作能力可能会受到限制，无法得到很好的提升。

HR 具备财务思维，不仅要求懂得一些基本的财务知识，还要求能在一些财务工作流程中清楚自己的地位，比如是协助财会人员的角色，还是主动提供财务数据的角色。

由此可见，如果 HR 具备一定的财务思维，便可以更好地衔接人力资源部门和财务部门的工作，从而提高工作效率；同时，自己懂得的工作内容多了，能负责的工作范围也就广了，这样更容易得到领导的认可，从而有机会承担核心工作任务。在这一过程中，个人能力将得到全方位的提升，也为自己的职业晋升打下坚实的基础。

然而，HR 的核心工作是负责人力资源管理，不需要像企业的财会人员那样要精通财税知识，或者切实投入到财会工作中。因此，HR 只需要具备一些财务思维，懂得一些基本的财税知识即可。

为了帮助 HR 更精准地培养财务思维，提升人力资源管理的效果和个人竞争力，编者编著了本书。

全书共八章，可分为三个部分：

- 第一部分为第1章，介绍HR需要培养的基本财务思维，如人力资源工作与财务的联系、企业的财务管理目标、企业资金流向、与人力资源管理有关的会计科目、HR需要认识的原始单据、原始凭证应填制规范及审核内容、企业经营常见会计账簿类型及各类会计资料的最低保管期限。
- 第二部分为第2～7章，从人力资源成本与经营成本的关系、人力资源成本预算管理、资产管理与财务的关系、HR要会看财务报表、劳动合同中的财务思维及人力资源管理涉及的个人所得税等方面，详细介绍人力资源成本管理与资产管理。
- 第三部分为第8章，介绍与人力资源管理工作相关的财务风险防范，使HR具备财务风险防范意识，并通过案例使HR切实了解如何协助企业财会人员做好财务风险防范工作。

本书从企业HR的角度介绍可能需要具备的财务知识，并运用大量图示进行说明，对一些难以理解的知识点配以工作中常见的案例进行解析，使读者能更轻松地学习。

最后，希望所有读者都能从本书中学到实用的财务知识，培养财务思维。

朱菲菲

2025年3月

目录

第 1 章　HR 需要培养的基本财务思维

1.1　HR 要具备的财务全局观 2
1.1.1　人力资源工作与财务的联系 2
1.1.2　企业的财务管理目标 5
1.1.3　熟知企业资金流向 8

1.2　人力资源管理中涉及的财务问题 11
1.2.1　与人力资源有关的会计科目 11
1.2.2　HR 需要认识的原始单据 13

1.3　财务工作中的基础内容 18
1.3.1　掌握原始凭证的填制规范及审核内容 18
1.3.2　了解企业经营常见的会计账簿类型 20
1.3.3　认识各类会计资料的保管期限 26

第 2 章　人力资源成本是经营成本的一部分

2.1　从财务的角度了解人力资源成本 28
2.1.1　企业经营过程中哪些属于人力资源成本 28

2.1.2 企业的职工教育经费必不可少 ... 31
2.1.3 为员工缴纳的职工社保和住房公积金也算人力资源成本 ... 33
　　范例解析　职工社保缴费金额的计算 ... 33
　　范例解析　核算公司为职工缴存的住房公积金 ... 35

2.2 人力资源成本会涉及财务核算 ... 35
2.2.1 不同工作性质的员工工资核算处理不同 ... 35
　　范例解析　计提公司管理类员工应发工资 ... 36
　　范例解析　计提公司销售类员工应发工资 ... 37
　　范例解析　计提公司生产类员工应发工资 ... 38
　　范例解析　计提公司生产管理类员工应发工资 ... 39
2.2.2 员工自行离职与被辞退对人力资源成本的影响 ... 39
　　范例解析　员工自行离职对公司人力资源成本的影响 ... 40
　　范例解析　公司辞退员工需要支付的经济补偿的处理 ... 41
2.2.3 为员工购买的商业保险如何做账务处理 ... 42
　　范例解析　公司为员工购买商业保险作为奖励 ... 43
　　范例解析　公司为员工购买商业保险作为职工福利 ... 44

2.3 如何正确控制人力资源成本 ... 45
2.3.1 重视人力资源管理中的隐性成本 ... 45
2.3.2 招聘活动效益与人力资源成本控制息息相关 ... 47
2.3.3 要懂得使培训费尽可能发挥作用 ... 49
2.3.4 不要小瞧了员工考勤对控制成本的作用 ... 50

第3章　人力资源成本的预算管理

3.1 严格遵照全面预算管理目标执行 ... 53
3.1.1 了解什么是预算和全面预算 ... 53
3.1.2 全面预算的三个层面 ... 54
3.1.3 编制全面预算涉及五个过程 ... 55

3.2 人力资源成本预算的编制 57
3.2.1 熟知编制人力资源成本预算的"三定"关系 58
3.2.2 人力资源成本预算的编制应遵循的原则 61
3.2.3 薪酬调整对人力资源成本预算编制的影响 62
范例解析 薪酬调整对公司人力资源成本预算的影响 62
3.2.4 编制薪酬预算前要清楚薪酬策略 63
3.2.5 了解薪酬预算的编制方法 65
范例解析 公司员工工资预算报告 65

3.3 其他人力资源成本预算工作 67
3.3.1 招聘成本也需要做预算 67
3.3.2 培训支出的预算也很重要 69
3.3.3 员工福利待遇的预算不能少 70

第4章 资产管理与财务的关系密不可分

4.1 人力资源部也应做好固定资产管理 73
4.1.1 复(打)印设备要做好日常维护 73
4.1.2 协助财会人员做好设备折旧管理 75
范例解析 人力资源部固定资产的折旧处理 78
4.1.3 要做好固定资产评估 80
4.1.4 协助处理固定资产清查工作 81

4.2 小物件等流动资产也要仔细管理 83
4.2.1 按照规定程序借用企业备用金 83
范例解析 备用金管理方式不同导致账务处理不同 85
4.2.2 报销费用必须按规定流程办理 86
4.2.3 办公用品要建立明细台账 88
4.2.4 要会编制低值易耗品盘点表 90

4.3 其他费用支出的管理 93
4.3.1 要明白节约用水用电也能降低经营成本 93

范例解析 公司水电费的账务处理 93
　　4.3.2　办公用品的采购要制订计划 95
范例解析 办公用品采购计划 95
　　4.3.3　辞退员工也会产生相应费用 96
范例解析 公司辞退员工需要支付辞退福利 97
　　4.3.4　获取的各种票据应妥善保管 98

第5章　HR也要会看财务报表

5.1　认识重要报表的结构和作用 103
　　5.1.1　反映企业资本结构的资产负债表 103
　　5.1.2　反映经营成果的利润表 106
　　5.1.3　概括企业现金流量情况的现金流量表 110
　　5.1.4　体现权益变动情况的所有者权益变动表 112
　　5.1.5　起重要补充说明作用的报表附注 113

5.2　财务报表之间的关系与运用 115
　　5.2.1　各报表自身项目之间的关系 115
　　5.2.2　各报表之间的联系 119

5.3　报表与人力资源管理工作的关联 121
　　5.3.1　报表中的某些数据来源于人力资源管理 121
　　5.3.2　如何从现金流量表看人才流失与补充 123

第6章　劳动合同管理中的财务思维

6.1　劳动合同中的财务要点 126
　　6.1.1　劳动合同中的薪资标准要明确 126
范例解析 劳动合同中的薪资标准 126
　　6.1.2　合同中的工作时间与加班工资相关 128
范例解析 劳动合同中的工作时间安排与加班工资给付标准 128

目录

6.1.3 劳动合同中的工作期限与经济补偿 131
范例解析 劳动合同中的工作期限与经济补偿条款 131

6.1.4 合同中的绩效考核与绩效工资相关 133
范例解析 劳动合同中的绩效考核方法与绩效工资给付标准 133

6.2 合同执行情况与财务处理 136
6.2.1 合同正常执行需要按时支付工资 136
6.2.2 工资标准变更后需要及时更新上报的工资数据 137
6.2.3 合同解除可能涉及多给工资的情况 138

6.3 劳动合同的其他财务要点 141
6.3.1 劳动合同也会经过财务部门评审 141
6.3.2 合同属于企业的第一手财务资料 142
6.3.3 妥善保管合同避免经济纠纷 144
范例解析 公司丢失劳动合同 144

第7章 人力资源管理涉及的个人所得税

7.1 简单认识个人所得税 147
7.1.1 个人所得税的征税范围 147
7.1.2 不同的所得适用的个人所得税税率标准 149

7.2 个人所得税并不是人人都要缴 152
7.2.1 个人所得税的缴纳有免征额优惠 153
范例解析 免征额和起征点对个人所得税缴纳的影响 153

7.2.2 有专项附加扣除可以减轻个人税负 154
范例解析 大病医疗专项附加扣除的限额标准 157

7.2.3 计缴个人所得税时确定应纳税所得额是关键 160
范例解析 正确核算个人所得税的应纳税所得额 162

7.2.4 员工的年终奖怎么计缴个人所得税 165
范例解析 一次性取得的年终奖怎么核算应缴纳的个人所得税 166

V

7.3 个人所得税的征收管理 167
  7.3.1 个人所得税的纳税地点与纳税期限 167
  7.3.2 如何进行个人所得税的纳税申报和汇算清缴 169

第 8 章 人力资源管理中的财务风险防范

8.1 关于财务风险要知道的事儿 174
  8.1.1 企业经营可能面临的财务风险 174
  8.1.2 形成财务风险一定有原因 179
  8.1.3 管理人员常用的防范财务风险的方法 181
  8.1.4 企业化解财务风险的常用措施 184

8.2 人力资源方面会引发的财务风险 186
  8.2.1 劳动合同不规范可能引发经济纠纷 186
    范例解析 保险公司劳动合同签订不规范引发的纠纷 191
  8.2.2 不规范操作蕴藏的财务问题 192
    范例解析 员工试用期 HR 随意解除劳动合同带来的问题 ... 193
    范例解析 公司开除员工却没有提供离职证明也需要承担赔偿责任 ... 194
    范例解析 员工劳动合同期满公司不及时与其续签导致的问题 ... 195
    范例解析 公司试用期不给员工缴纳社保带来的问题 196
    范例解析 入职时公司向员工收取工作服押金是违法行为 ... 197
  8.2.3 凭证使用不正确会导致财务核算出错 198

8.3 积极做好财务风险的防范工作 200
  8.3.1 及时上报工资变动情况 200
    范例解析 HR 不及时上报工资变动情况引发的财务风险分析 ... 201
  8.3.2 制定科学、合理的人力资源管理制度 202
    范例解析 ××公司人力资源管理制度 202
  8.3.3 做好人事管理资料的保管 204
  8.3.4 积极协助财务人员打击财务舞弊行为 206

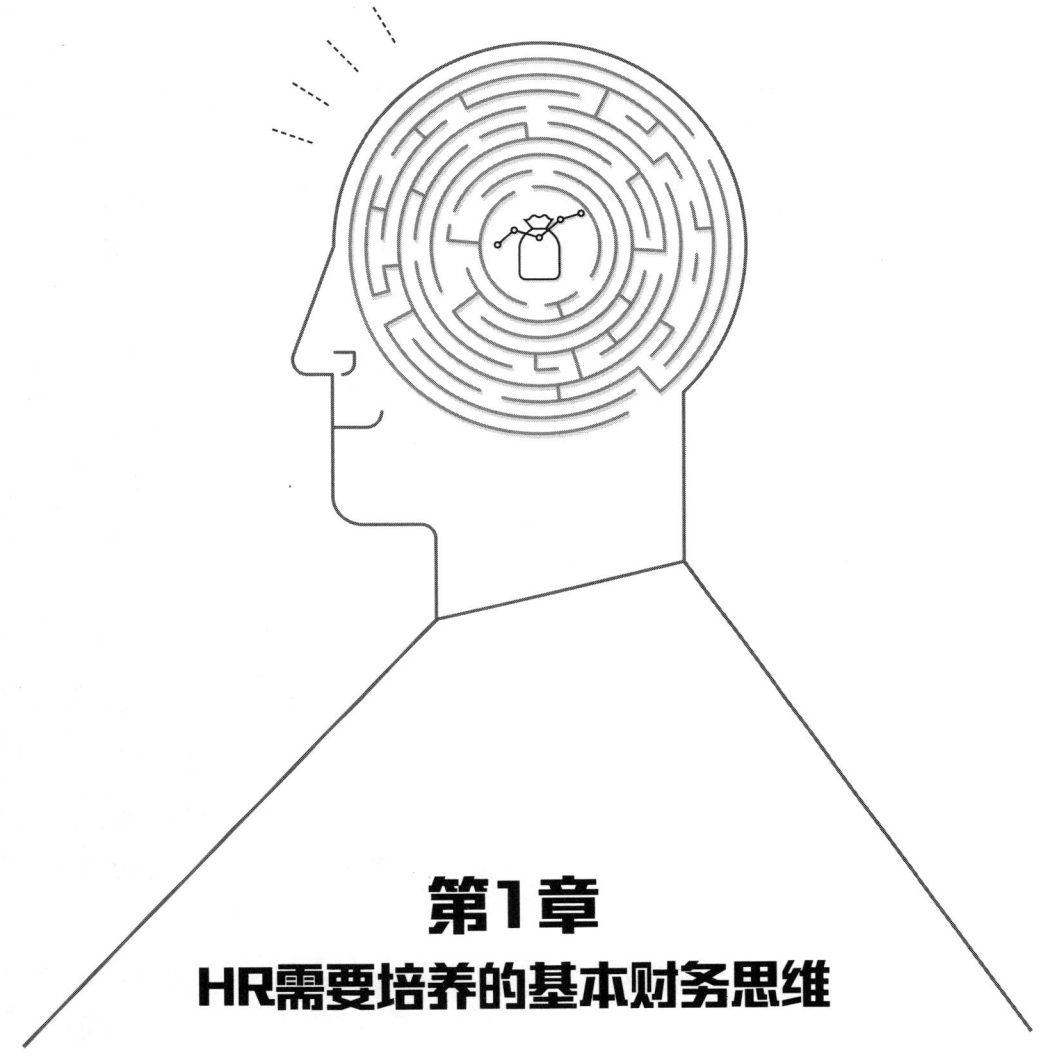

第1章
HR需要培养的基本财务思维

很多从事人力资源管理工作的人,认为只需要做好分内的人事管理工作就行了。实际上一名出色的人力资源管理者需要具备一定的财务思维,以便协助企业财会部门更有效地做好财务管理工作。

1.1 HR要具备的财务全局观

HR有自己的本职工作，过于细致地掌握财务知识对工作也没有太大的助益，因此，HR要具备财务全局观，了解和具备一些基本的财务思维，以便更好地帮助自己完成本职工作。

1.1.1 人力资源工作与财务的联系

人力资源工作主要包括人力资源规划、招聘与配置、培训与开发、绩效管理、薪酬福利管理及劳动关系管理这六个模块。下面从这六个模块出发，来看看人力资源工作与财务的联系。

1. 人力资源规划与人工成本预算相关

人力资源规划也叫人力资源计划，是企业为了达成自身生产经营目标，根据企业内外环境和条件的变化，对企业未来的人力资源需求和供给状况进行分析与估计，再运用科学的方法进行组织设计，对人力资源的获取、配置、使用和保护等各环节进行职能性策划，最终制订企业人力资源供需平衡计划的全过程。

为了达到供需平衡，企业免不了需要进行人力成本的预算，通过预算确保组织在需要的时间和岗位上，能及时获得各种必需的人力资源，保证事（岗位）得其人、人尽其才。同时为企业控制人力资源成本发挥辅助作用。

2. 招聘与配置工作对费用开支的影响

企业要开展招聘活动，必然需要耗费一定的物资、人力和财力，如招聘广告费支出、面试资料费开支、新入职员工配岗耗费等。这些费用的发生，需要财会部门做好相应的会计核算及账务处理，同时还需要做好相关凭据的传递与保管工作。

比如，与新入职员工签订的劳动合同，需要由企业的财务部门负责保管。而人力资源部门对新入职员工编制的员工入职情况表、员工基本信息表等表格，则需要人力资源部统一管理，这些表格对于财会部门核算员工工龄工资具有重要作用。

又比如，人力资源部门在招聘活动中发生相关费用，需要进行报销时，也要与财务部门打交道，先申请报销，经财务人员审查，以及财务部门领导审批后，方可完成费用报销。

3. 培训与开发工作对费用开支的影响

为了让新入职员工尽快熟悉工作内容和流程，也为了帮助老员工不断提升工作能力，企业需要定期或不定期地对员工进行必要的培训，而培训过程中必然会耗费人力和物力。

a. 人力方面。需要聘请专业的培训师或指定企业内部的相关人员进行培训，这必然会有培训师的培训工资开销，也就需要核算相应的应付职工薪酬。另外，对于协助组织、实施培训工作的人员，也是人力资源的消耗，虽然可能并不在财务工作中体现，但也算是企业的一种隐性成本。

b. 物力方面。培训所需要的资料、教材等，也都要花费精力准备，不仅会发生资料印刷或打印费用，还可能涉及购买教材的费用。这些开支也都需要做相应的账务处理。

4. 绩效管理与工资核算密切相关

绩效管理是指各级管理者和员工为了达到组织目标，共同参与的绩效计划制订、绩效辅导沟通、绩效考核评价、绩效结果应用、绩效目标提升的持续循环过程。在这一过程中人力资源的耗费是避免不了的，而且，绩效考核结果的好坏通常与员工绩效工资挂钩，这就会直接影响工资的核算。

员工绩效考核过程中涉及的绩效考核表、绩效工资发放标准表及工资明细表等，都是会计核算的原始凭证，都需要作为财务部门核算员工工资的依据。

5. 薪酬福利管理与人力资源的平衡相关

薪酬水平、福利待遇，这些都关系着企业是否能招揽到人才、是否能留住人才。如果薪酬水平不高、福利待遇缺乏吸引力，不仅难以招聘到合适的人才，老员工也会因为薪资待遇问题而另谋高就，这样就可能导致企业内部岗位极度空缺，经营管理无法正常运行；相反，如果薪酬水平具有竞争力，福利待遇也不错，不仅能吸引求职者的关注，增加引入人才的机会，也能留住企业内部比较有工作经验和工作能力的老员工。

6. 劳动关系管理与财务的联系

劳动关系是劳动者与用人单位依法签订劳动合同而在劳动者与用人单位之间产生的法律关系。劳动者接受用人单位的管理，从事用人单位安排的工作，成为用人单位的成员，并从用人单位领取劳动报酬和享受劳动保护。

劳动者与用人单位之间劳动关系的存续，也意味着用人单位要继续对劳动者负责，不仅要按规定支付薪酬，还要按规定给予必要的福利待遇。在财务方面，就意味着企业需要按规定不间断地为劳动者购买各类保险和公积金，代扣代缴个人所得税。这些都需要做相关的账务处理，也都是为了维持人力资源平衡而需要付出的成本。

HR深入了解人力资源工作与财务的关系，可以规范自己的工作行为，培养成本管控意识，为企业的发展贡献一份力量。

1.1.2 企业的财务管理目标

财务管理目标是企业进行财务活动所要达到的根本目的，它是企业经营目标在财务上的集中和概括，是企业一切财务活动的出发点和归宿。要成为HR精英，必然要对企业的财务管理目标有所了解，且有能力协助财务部门达到企业的财务管理目标。所以，HR要从全局出发，清楚企业财务管理目标存在的意义。

那么，企业经营过程中主要会制定怎样的财务管理目标呢？主要有四个层次。

1. 利润最大化

在利润最大化这一财务管理目标下，利润代表了企业新创造的财富，利润越多，说明企业的财富增加得越多，越接近企业的经营目标。

然而，利润作为一个可以具体量化的绝对值指标，致使该财务管理目标存在一定的局限性，具体如下。

- ◆ 没有明确利润最大化中利润的概念，给企业管理层提供了操纵利润的空间。
- ◆ 不符合货币时间价值的理财原则，因为该目标的实现没有考虑利润的取得时间，不符合现代企业"时间就是价值"的理财理念。
- ◆ 不符合风险与报酬均衡的理财原则，该目标的实现没有考虑获取利润需要承担的风险，容易导致企业短期行为，进而增加企业的经营风险和财务风险。
- ◆ 该目标的实现没有考虑利润的取得需要投入的资本额，所以不能真正衡量企业经营业绩的优劣，也不利于企业在同行业中确立竞争优势。

由于该目标比较容易量化，因此，虽然有缺点，但也可以使用，在实务中常与其他财务管理目标相结合。

2. 股东财富最大化

股东财富最大化这一财务管理目标，是指通过财务上的合理经营，为股东创造最多的财富。虽然该目标从大局出发是以股东财富最大化为目标，但仍然存在不足之处，具体见表1-1。

表1-1 股东财富最大化目标的不足之处

不　　足	说　　明
适用范围有限制	该目标只适用于上市公司，不适用于非上市公司，不具有普遍代表性
不符合可控性原则	企业股东财富主要通过股票价格来反映，但企业股票价格的高低受各种因素的影响，如国家政策调整、国内外经济形势的变化及股民的心理等，这些影响因素对企业管理层来说是不可能做到完全控制的
不符合理财主体假设	理财主体假设是指企业的财务管理工作应限定在每一个在经济上和经营上具有独立性的组织之内，该假设明确了财务管理工作的空间范围。而股东财富最大化将股东这一理财主体与企业这一理财主体相混同，因此不符合理财主体假设
不符合证券市场发展	证券市场不仅是股东筹资和投资的平台，还是债权人进行投资的重要场所，更是经理人市场形成的关键环境。然而，股东财富最大化目标片面站在股东立场强调资本市场的重要性，不利于证券市场全面发展
偏向强调股东权益	股东财富最大化更多的是强调股东利益，导致企业对其他相关者的利益不够重视

3. 企业价值最大化

企业价值最大化这一财务管理目标，是指采用最优的财务结构，充分考虑资金的时间价值及风险与报酬的关系，使企业价值达到最大。与利润最大化和股东财富最大化相比，该目标最显著的特点就是考虑了资金时间价值和企业利益相关者对企业财务管理目标的影响。

虽然该目标看上去要更"完美"，但仍然存在一些问题待解决。

a. 企业价值如何计量。要确定企业价值，就需要将不同理财主体的自由现金流混合折现，并且这些现金流还是在不同时点上产生的，因此就可能使企业价值不具有可比性和说服力。

b. 企业管理层不容易理解和掌握。企业价值最大化是几个具体财务管理目标的结合体，包括股东财富最大化、债权人财富最大化和其他各利益方财富最大化。这些具体的财务管理目标有各自的评价指标，使得财务管理人员无法准确抓住企业价值最大化的综合评价指标与标准。

c. 没有考虑股权资本成本。股权资本虽然是股东投入的，但也不是免费获得的，如果企业无法获得最低的股权资本投资报酬，股东就很可能会转移其资本投向，这对企业发展非常不利。

4. 利益相关者财富最大化

利益相关者财富最大化这一财务管理目标，从字面意思理解就是通过财务管理工作正确组织财务活动、妥善处理财务关系，从而使企业内外部各方利益相关者的财富之和最大化。

然而，将此作为企业的财务管理目标，在组织实施财务管理工作的过程中仍然存在一些问题。

- ◆ 企业在特定的经营时期，几乎不可能使利益相关者财富最大化，只能做到相互平衡、协调。因为利益相关者各方的利益通常都是此消彼长的。
- ◆ 在衡量利益相关者财富最大化时设计的计量指标中，销售收入、产品市场占有率等是企业的经营指标，它们已经超出了财务管理自身的范畴。

无论是利润最大化，还是股东财富最大化，又或者是企业价值最大化和利益相关者财富最大化，它们都有一个共同的不足之处，即只考虑财务资本对企业经营活动的影响，忽视了知识资本对经营活动的作用。为了能使企业更健康、更快速地得到发展，实际工作中管理层应结合这些财务管理目标来指导经营管理工作。

1.1.3 熟知企业资金流向

企业的经营离不开资金的支持，资金的运用及资金在经营过程中不断流动，才使得企业可以开展各种日常经营活动。作为企业的HR，了解资金流向，可以站在大局的角度了解企业的整体经营模式及运行情况。那么，企业的资金流向究竟是怎样的呢？下面来看具体的资金流向示意图，如图1-1所示。

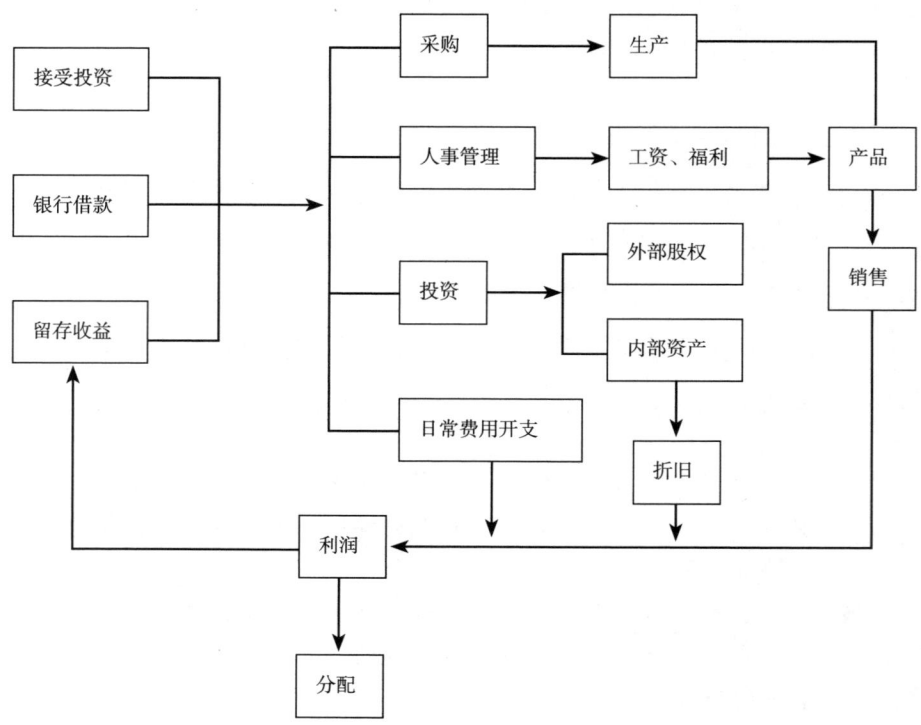

图1-1 生产性企业的资金流向示意图

对于生产性企业来说，通过投资者们向企业投资，或者向银行借款，来获取企业生产经营所需的资金。如果是存续期间的企业，则经营所需的资金还有一部分来自经营所获得的留存收益。

当企业有了资金以后，就要将资金投入使用，以生产出产品供销售，从而获得经营利润。在投入使用的过程中，因为需要原料进行产品生产，所以资金流向采购环节，然后从采购环节流向生产环节；当产品生产完成后，资金流入产品成本；紧接着通过销售产成品，企业又收到资金，扣除企业发生的日常费用开支、内部资产的折旧等，形成企业的利润；利润经过分配，剩余未分配利润就进入留存收益，供企业进行下一阶段的生产经营活动。

除了这条资金流动链，企业还将资金投入人事管理，向员工发放工资、奖金、福利补贴等，以获取员工提供的劳务和服务；然后以人力资源成本的形式流入产品成本中；随着产品继续向前流动，最终影响企业的经营利润。

企业还会将资金做对外投资和对内投资，对外投资一般是付出资金获得其他单位或组织的股权，对内投资主要是购建生产所需的固定资产和无形资产，如厂房、生产设备、电脑、办公楼及生产技术等。这些资产都会在使用过程中发生耗损，通过折旧来摊销成本，最终影响企业的利润。

除此以外，企业日常管理活动也需要资金投入，包括交水电费、购买办公用品、支付办公场地的租赁费用、报销员工的差旅费，或者是广告宣传费、业务招待费等支出。这些费用开支有的可能金额很少，但都是开展经营活动不可缺少的，也会影响企业的经营利润。

企业在经营过程中形成的利润，有时候并不全部留存在企业形成留存收益，还会对投资者或股东分配利润或股利。分配以后，剩余未分配的利润才进入企业的留存收益，支持下一阶段的生产经营工作。

商品流通企业的资金流向不涉及生产环节，图1-2为商品流通企业的资金流向示意图。

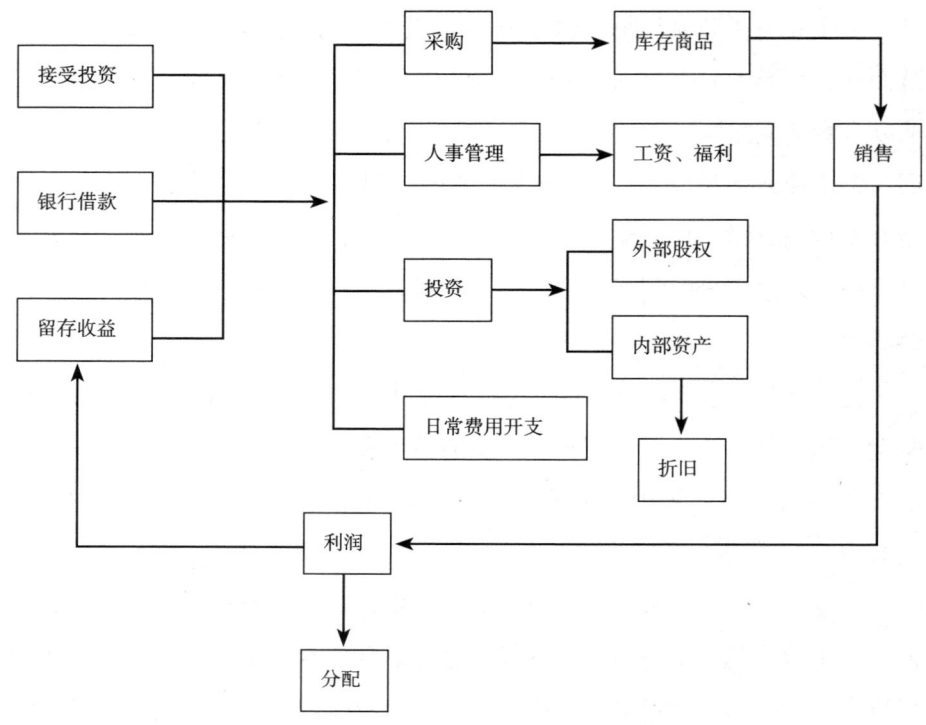

图 1-2　商品流通企业的资金流向示意图

商品流通企业也需要通过接受投资者投资，或者向银行借款，拥有经营管理所需的资金，然后用资金采购待售商品，再通过销售商品获取收入，进而获取利润，形成留存收益，用于下一阶段经营活动的开展。

资金也会投入到人事管理中，对为企业付出了劳务、服务的员工给予工资薪金和福利费，由此产生人力资源成本，影响企业最终的盈利。

商品流通企业也会用资金做适当的投资，同样包括对外投资和对内投资。对外获取股权，对内购建固定资产和无形资产，如办公楼、电脑、打（复）印设备及其他工作所需的资产。这些资产同样会在日常使用中发生耗损，通过折旧、摊销将相应的购建成本计入损益，最终影响企业经营利润。

资金还会投入日常经营活动中，用于发生的一些费用开支，如交水电费、购买办公用品等，与生产型企业相似。

企业经营获得的利润，可以全部作为留存收益，支持下一阶段的经营管理活动，也可以先对投资者或股东进行分配，剩余未分配利润再留存在企业内部。

1.2 人力资源管理中涉及的财务问题

HR 明确人力资源管理中涉及的财务问题，可以更好地完成自身的工作，同时协助财务部门做好账务记录。

1.2.1 与人力资源有关的会计科目

虽然 HR 不需要掌握与人力资源管理工作有关的账务处理，但是具体会涉及哪些会计科目也可以做适当了解。

1. 应付职工薪酬

人力资源管理是对人的管理，人力资源的消耗主要通过工资、薪酬来体现。企业要使用人力资源，必须向劳动者支付相应的报酬，这些报酬是构成企业人力资源成本的重要内容，最终构成企业经营成本的一部分。

因此，为了清楚核算企业的经营情况，包括成本费用消耗、收入的获取等，需要对于工资、薪金支出等进行相应的会计核算，具体通过"应付职工薪酬"科目进行。

而在"应付职工薪酬"科目下，还需要根据工资、薪金、职工福利费及社会保和住房公积金等明细项目，明确明细科目。如企业向员工提供的福利费支出，通过"应付职工薪酬——职工福利费"科目进行核算。

2. 银行存款、库存现金和营业外收入

在工作中，难免会遇到企业向员工扣减工资或要求经济赔偿的情况，

如员工迟到、早退，员工个人原因损坏企业资产等。企业收到的这些款项，本身不属于企业经营所得，也就不能确认为收入。此时可以通过"营业外收入"科目直接核算。而实际收到的款项根据收取形式的不同，可以通过"银行存款"或"库存现金"科目核算，如果收取的罚款直接转入企业的银行账户，则用"银行存款"科目；如果员工直接以现金形式支付罚款，则用"库存现金"科目。

3. 其他应收款

企业为员工代扣代缴各类保险和公积金时，会用到"其他应收款"科目进行核算。由于企业为员工代扣的各类保险和公积金，是从员工的应发工资中直接扣除的。因此，在通过"其他应收款"科目核算代扣的各类保险和公积金时，要同时减少"应付职工薪酬"科目的金额，即会计分录借方记"应付职工薪酬——工资"科目，贷方记"其他应收款——社会保险（个人部分）"和"其他应收款——住房公积金（个人部分）"科目。

另外，经营过程中难免会遇到员工因公务需要向企业借款的情况，如借款出差，由于这部分借款并不是以福利的形式给员工使用，因此，最终借款用了多少、剩余多少，企业都需要做详细的记录。无论员工最终是否将借款用完，本质上这部分钱企业是要收回的，所以用"其他应收款"科目进行核算。如果最终有剩余，则用剩余金额冲减"其他应收款"科目；如果刚好用完，则按照最初借支的金额冲减"其他应收款"科目；如果还发生员工垫付，则企业需要在冲减全部其他应收款后，另行向员工支付垫付的金额。注意，冲减时，要将借支的款项按照用途计入"管理费用"科目。

4. 其他应付款和管理费用

有时，人力资源部需要采购一些办公用品，或者因招聘、培训等工作需要向企业借支款项,此时,需要用"其他应付款"科目来核算这类费用开支,最终通常确认为企业的管理费用。

"管理费用"科目不仅核算上述一些费用开支,对于人力资源部员工出差发生的差旅费也通过"管理费用"科目核算。

而且,HR 属于企业的行政管理人员,企业发给他们的工资及福利费等,除了通过"应付职工薪酬"科目核算,最终还要确认为管理费用,通过"管理费用"科目归集。

5. 销售费用

企业内部的销售部门主要负责销售工作,而销售人员的管理也是人力资源管理的一部分。销售人员的工资、各类保险、公积金及福利费等需要通过"销售费用"科目核算。

6. 应交税费

企业员工虽然不需要自行缴纳个人所得税,但企业却需要为员工代扣代缴。企业在为员工代扣代缴个人所得税时,需要借助"应交税费——应交个人所得税"科目进行核算。

7. 劳务成本

如果企业经营过程中,有设置专门的岗位为客户提供修理修配、搬运及安装等服务的,则对应的员工工资支出需要确认为企业的劳务成本,通过"劳务成本"科目进行核算。

1.2.2　HR 需要认识的原始单据

对于企业来说,不仅仅是在生产、销售工作中才会产生原始单据和凭证,在人力资源管理工作中也会产生。

比如,人力资源部员工出差需要提前借支款项,此时需要出差员工填写借款单；待出差工作完成后回到企业，还需要填写差旅费报销单。不仅是人力资源部员工如此，其他职能部门的员工如果要借支款项出差，也会涉及这两个单据的填写，图1-3和1-4分别为借款单和差旅费报销单样式。

图1-3　借款单

图1-4　差旅费报销单

如果是因为其他工作项目而需要借支款项，除了需要填写借款单，最后完成报销流程时还需要填写费用报销单。图1-5为常见的费用报销单样式。

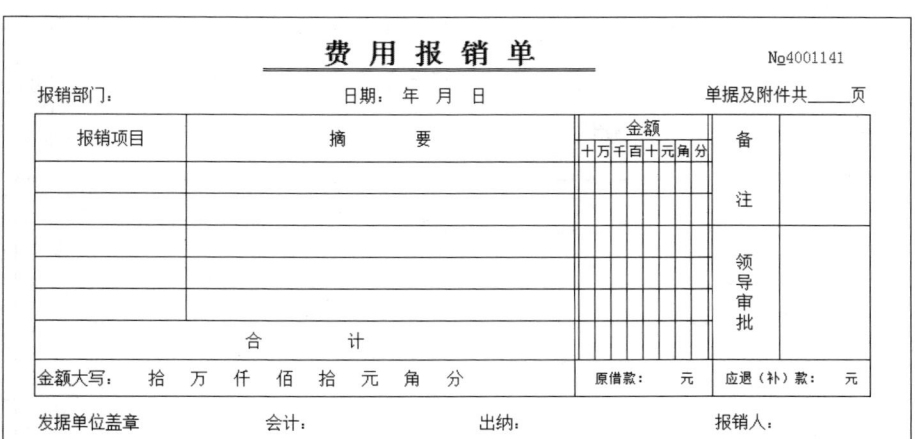

图 1-5 费用报销单

另外，员工出差还会涉及一些发票，图 1-6 为增值税专用发票样式。

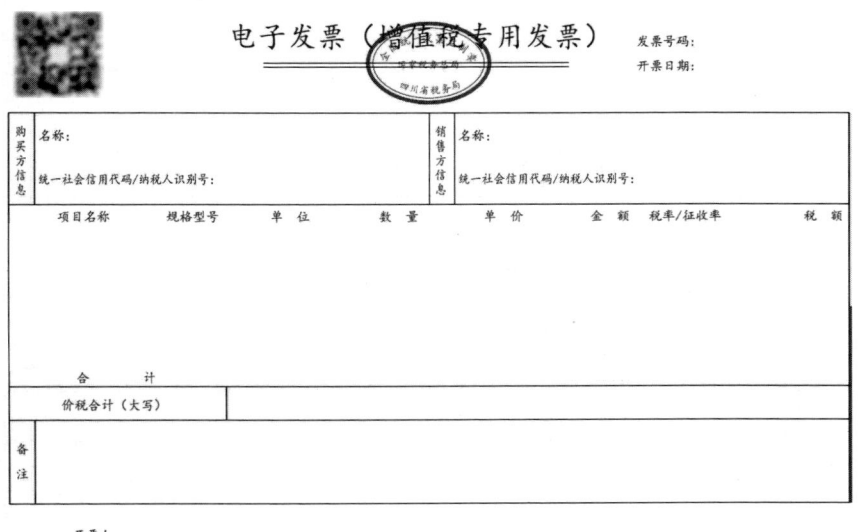

图 1-6 增值税专用发票

还有其他一些增值税发票，具体样式可进入国家税务总局官网查看。

在日常工作中，人力资源部还可能收到外单位开具的收据，或者向外单位开出收据，其样式如图1-7所示。

图1-7　收据

人力资源部还需要保留考勤汇总表这一原始凭证，如图1-8所示。

图1-8　考勤汇总表

另外还需要制作并保管好工资明细表，这是财务部门核算工资的重要依据，也是企业内部重要的原始凭证，如图1-9所示。

年　月工资明细表

编制单位：　　　　　　　　　　　　年　月　日　　　　　　　　　　　　单位：元

序号	姓名	应发项目			应发工资	应扣项目					应扣合计	税前工资	实发工资	签名
		岗位工资	工龄工资	执业津贴		养老保险金	医疗保险金	失业保险金	住房公积金	个人所得税				
1														
2														
3														
4														
5														
合计														

单位主管：　　　　　　　　复核：　　　　　　　　制表：

图 1-9　工资明细表

企业内部员工加班情况也会直接影响员工工资，所以人力资源部需要通过加班审批表来管控与监督加班情况，如图 1-10 所示。

加班审批表

表单编号：人力资源部××号

日期：　年　月　日　　　　部门：　　　　□法定假日加班 □休息日加班 □工作日延长加班

姓名	申请加班时间	加班事由	直接主管审核	实际加班时间	部门负责人或分管副总核准

图 1-10　加班审批表

人力资源部日常工作中还可能涉及其他原始单据，这里不再一一列举。需要注意的是，人力资源部需要妥善保管这些原始单据，因为它们很可能就是财务部门做账的直接依据。

1.3 财务工作中的基础内容

作为企业的HR，虽然不需要掌握多么高深的财务知识，但对于财务工作中的一些基础内容还是需要有所了解的，比如常见的原始凭证如何填制，财务人员会审核原始凭证的哪些内容以确保凭证填写准确等。了解这些事项，有助于HR在工作中正确填写原始单据和相关表单。

1.3.1 掌握原始凭证的填制规范及审核内容

对于不同的企业来说，原始凭证的格式和内容会因为经济业务和经营管理的不同而有区别，但原始凭证应当具备一些基本的内容，主要包括这七点：凭证的名称、填制凭证的日期、填制凭证单位名称和填制人姓名、经办人员的签名或盖章、接受凭证单位名称、经济业务内容及数量、单价和金额。

填制人在填制原始凭证时，不仅要对这些基本内容填写完整，还要遵循基本的填制要求，具体见表1-2。

表1-2 原始凭证填制的基本要求

要求	具体说明
记录真实	原始凭证所填列经济业务的内容和数字必须真实可靠，且符合企业经营的实际情况。如原始凭证中的年、月、日要按照填制原始凭证的实际日期填写
内容完整	原始凭证要求填列的项目必须逐项填列齐全，不得遗漏或省略不填。如名称要齐全，不能简化；品名或用途要填写明确，不能含糊不清；有关人员的签章必须齐全等
手续完备	单位自制的原始凭证必须有经办单位相关负责人的签名盖章；对外开出的原始凭证必须加盖本单位公章或财务专用章；从外部取得的原始凭证，必须有填制单位的公章或财务专用章；从个人处取得的原始凭证，必须有填制人员的签名或盖章

续上表

要　求	具体说明
书写清楚、规范	原始凭证要按规定填写，除了文字要简明，字迹要清晰且易于辨认，不得使用未经国务院公布的简化汉字，还需要规范书写大小写金额。 ①小写金额用阿拉伯数字逐个书写，不得写连笔字；金额前要填写人民币符号"¥"，且与阿拉伯数字之间不得留有空白；金额数字一律填写到角、分，无角无分的，写"00"或符号"-"，有角无分的，分位写"0"，此时不得用符号"-"表示分位。 ②大写金额用汉字壹、贰、叁、肆、伍、陆、柒、捌、玖、拾、佰、仟、万、亿、元、角、分、零、整等，一律用正楷或行书字体书写；大写金额前未印有"人民币"字样的，应手动加写"人民币"三个字，且与大写金额之间不得留有空白；大写金额到元或角为止的，后面要写"整"或"正"字，有分的，不写"整"或"正"字。 例如：小写金额为¥1 007.00，大写金额应写成"壹仟零柒元整"
编号连续	各种凭证要连续编号，以便检查。如果凭证已经预先印定编号，如发票、支票等，在因错作废时，应加盖"作废"戳记，妥善保管，不得撕毁
不得涂改、挖补、刮擦	原始凭证金额有错误的，应由出具单位重开，不得在原始凭证上更正。原始凭证有其他错误的，应由出具单位重开或更正，更正处应加盖出具单位印章
填制及时	各种原始凭证一定要及时填写，并按规定的程序及时送交会计机构审核，避免延误账务处理工作

HR了解原始凭证的填写规范，可以帮助自己正确填写原始单据和表单资料。而了解原始凭证的审核内容，就可以促使自己着重关注原始凭证某些方面的填写规范。对于原始凭证的审核内容，主要有如下四个方面。

1. 审核真实性

原始凭证真实性的审核，包括凭证日期、业务内容及数据等是否真实。对于外来的原始凭证，必须看是否有填制单位的公章或财务专用章，是否有填制人员签章；对于自制原始凭证，必须看是否有经办部门和经办人员的签名或盖章；对于发票等通用的原始凭证，还要审核凭证本身的真实性，以防作假。

2. 审核合法性及合理性

原始凭证合法性和合理性的审核主要是看凭证记录的经济业务是否符合国家法律法规，是否履行了规定的凭证传递和审核程序，记录的经济业务是否符合企业经济活动的需要及有关计划和预算等。

3. 审核完整性

原始凭证完整性的审核主要是看凭证的各项基本要素是否齐全，是否有漏项情况，日期是否完整，数字是否清晰，文字是否工整，有关人员签章是否齐全，以及凭证联次是否正确等。

4. 审核正确性

原始凭证正确性的审核主要是看凭证记载的各项内容是否正确。如接受原始凭证的单位名称是否正确，金额的填写和计算是否正确，以及更正操作是否正确等。

1.3.2　了解企业经营常见的会计账簿类型

企业经营过程中需要编制很多账簿，根据不同的分类依据，账簿主要有以下类型。

1. 按用途分类

企业的会计账簿按照用途不同，可以分为序时账簿、分类账簿和备查账簿。

（1）序时账簿

序时账簿又称日记账，是按照经济业务发生时间的先后顺序逐日、逐笔登记的账簿。在我国企业、行政事业单位中，现金日记账和银行存款日记账是应用比较多的序时账簿。

图1-11和图1-12分别为现金日记账和银行存款日记账的格式。注意，

不同企业在格式设计上可能有细微不同。

图 1-11　现金日记账

图 1-12　银行存款日记账

（2）分类账簿

分类账簿是指按照分类账户设置登记的账簿。这类账簿是企业会计账簿的主体，也是编制财务报表的主要依据。根据分类账簿反映经济业务的详略程度不同，可分为总分类账簿和明细分类账簿。

总分类账簿简称总账，是根据总分类账户开设的，总括地反映某类经济活动的账簿，它主要为编制财务报表提供直接数据资料，且通常采用三栏式，其格式如图 1-13 所示。

明细分类账簿简称明细账，是根据明细分类账户开设的，用来提供明细核算资料的账簿，它通常采用三栏式明细账或数量金额式明细账等账页格式。由于后面的内容中会详细介绍三栏式明细账和数量金额式明细账等账簿格式，因此这里暂不展示明细分类账簿的格式。

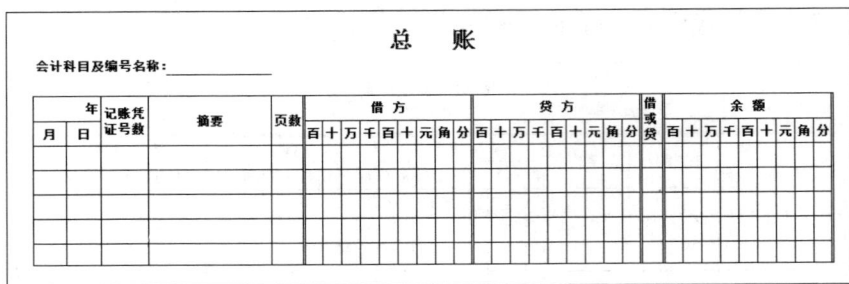

图 1-13 总账

（3）备查账簿

备查账簿又称辅助登记簿或补充登记簿，是对某些在序时账簿和分类账簿中未能记载或记载不全的经济业务进行补充登记的账簿。如反映企业租入固定资产的"租入固定资产登记簿"，反映收取其他企业开具的商业汇票情况的"商业汇票登记簿"等。备查账簿根据企业的实际需要设置，没有固定的格式要求。

2. 按照账页格式分类

企业会计账簿按照账页格式不同，可以分为三栏式账簿、多栏式账簿、数量金额式账簿及横线登记式账簿。

（1）三栏式账簿

三栏式账簿是设有借方、贷方和余额三个金额栏目的账簿，如图 1-14 所示。

图 1-14 三栏式账簿

实务中，各种日记账、总账，以及资本、债权、债务明细账，都可以采用三栏式账簿。三栏式账簿又分为设对方科目和不设对方科目两种，很显然，图1-14所示的为不设对方科目的三栏式账簿，其格式与总账的格式基本相同。

（2）多栏式账簿

多栏式账簿是在账簿的借方和贷方这两个金额栏目下，按需要分设若干专栏的账簿。这类账簿既可以按"借方"和"贷方"分设专栏，也可以只设"借方"或"贷方"专栏，设多少栏根据需要确定，如图1-15所示。

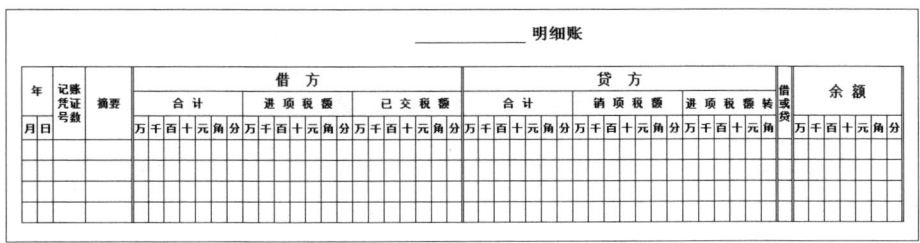

图1-15　多栏式账簿

很显然，图1-15展示的是按"借方"和"贷方"分设专栏的多栏式账簿。在工作中，收入、成本、费用明细账一般采用多栏式账簿。

（3）数量金额式账簿

数量金额式账簿是在账簿的借方、贷方和余额三个栏目内，每个栏目再分别设数量、单价和金额三个小栏，借此反映财产物资的实物数量和价值量的账簿，如图1-16所示。

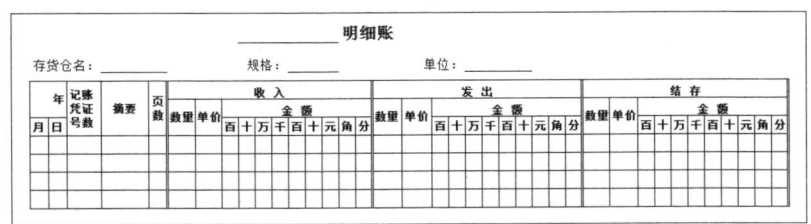

图1-16　数量金额式账簿

在工作中，原材料、库存商品等明细账，一般采用数量金额式账簿。

（4）横线登记式账簿

横线登记式账簿又称平行式账簿，是将前后密切相关的经济业务登记在同一行上，以便检查每笔业务的发生和完成情况的账簿，如图1-17所示。

						明细账			
年 月 日	记账凭证号数	摘要	计量单位	发票数量	实收数量	借方			贷方	余额
						发票价格	运杂费等	合计		

图1-17　横线登记式账簿

横线登记式账簿主要用于企业的往来账中，可以做到一一对应的往来账尤其适用，如材料采购、在途物资、应收票据等明细账，一般采用横线登记式账簿，有利于企业进行分客户或供应商核算。

3. 按外形特征分类

企业会计账簿按照外形特征不同，可分为订本式账簿、活页式账簿和卡片式账簿。

（1）订本式账簿

订本式账簿简称订本账，是在启用前将编有顺序页码的一定数量的账页装订成册的账簿。

这类账簿的优点是能避免账页散失和防止人为抽换账页，缺点是不能准确地为各账户预留账页。

该类账簿一般适用于重要的和具有统驭性的总分类账、现金日记账和银行存款日记账。

（2）活页式账簿

活页式账簿简称活页账，是将一定数量的账页置于活页夹内，可根据记账内容的变化随时增加或减少部分账页的账簿。

这类账簿的优点是记账时可以根据实际需要，随时将空白账页装入账簿，或者抽去不需要的账页，且便于分工记账；缺点是如果管理不善，可能造成账页散失或故意抽换账页。该类账簿一般适用于明细分类账。

（3）卡片式账簿

卡片式账簿简称卡片账，是将一定数量的卡片式账页存放于专设的卡片箱中，可以根据需要随时增添卡片的账簿。

在我国，企业一般只对固定资产的核算采用卡片账形式，也有少数企业在材料核算中使用材料卡片。

无论是哪种类型的账簿，都具有基本的内容，主要包括三项：封面、扉页和账页。封面主要用来标明账簿的名称，如总分类账、各种明细分类账和现金日记账等。扉页主要用来列明会计账簿的使用信息，如科目索引、账簿启用和经管人员一览表等，如图1-18所示。账页是账簿用来记录经济业务的主要载体，包括账户名称、日期栏、凭证种类、编号栏、摘要栏和金额栏，以及总页次和分户页次等内容。

账簿启用登记和经管人员一览表

账簿名称：						单位名称：			
账簿编号：						账簿册数：			
账簿页数：						启用日期：			
会计主管：						记账人员：			
移交日期			移交人		接管日期		接管人	会计主管	
年	月	日	签名	签章	年	月	日	签名	签章	签名	签章

图1-18　账簿的扉页

1.3.3 认识各类会计资料的保管期限

企业经营过程中产生的各种会计资料，包括单据、凭证、账簿及报表等，都要进行妥善保管。根据规定，不同的会计资料最低保管期限不同，具体情况见表 1-3。

表 1-3 会计资料的最低保管期限

序 号	档案名称	保管期限	备 注
一	会计凭证	—	
1	原始凭证	30 年	
2	记账凭证	30 年	
二	会计账簿	—	
3	总账	30 年	
4	明细账	30 年	
5	日记账	30 年	
6	固定资产卡片	—	固定资产报废清理后保管 5 年
7	其他辅助性账簿	30 年	
三	财务会计报告	—	
8	月度、季度、半年度财务会计报告	10 年	
9	年度财务会计报告	永久	
四	其他会计资料	—	
10	银行存款余额调节表	10 年	
11	银行对账单	10 年	
12	纳税申报表	10 年	
13	会计档案移交清册	30 年	
14	会计档案保管清册	永久	
15	会计档案销毁清册	永久	
16	会计档案鉴定意见书	永久	

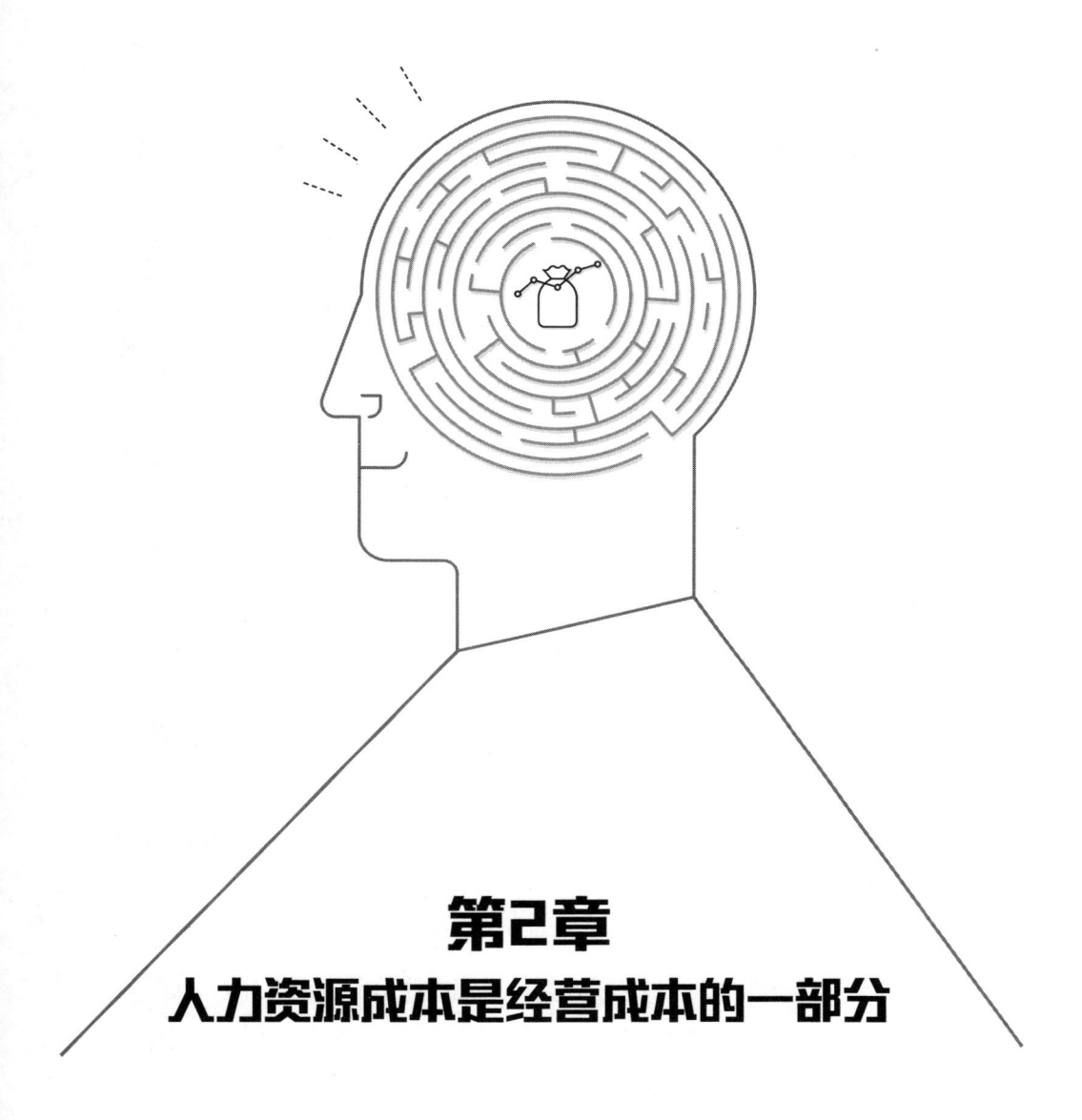

第2章
人力资源成本是经营成本的一部分

　　HR 要明白，企业为了进行人力资源管理而消耗的资源，包括财力、物力和人力，都会以货币形式进行计量，从而构成企业经营成本中的一项大成本，称为人力资源成本。所以，人力资源管理水平的高低直接影响经营成本。

2.1 从财务的角度了解人力资源成本

HR要知道，企业聘任员工所支付的工资报酬，是属于企业人力资源成本的；对员工进行岗前或工作培训等发生的一些费用，也属于人力资源成本。这些都需要企业财务人员进行必要的账务处理，从而更全面地记录企业总经营成本。

2.1.1 企业经营过程中哪些属于人力资源成本

从人力资源管理工作整体到局部，消耗的资源形成的人力资源成本，主要有以下几个方面。

1. 人力资源管理体系的构建成本

人力资源管理体系是指围绕人力资源管理的六大模块而建立起来的一套人事管理体系，包括薪酬、绩效、素质测评、培训和招聘等。

人力资源管理体系的构建成本，主要是指企业设计、规划和改善人力资源管理体系所消耗的资源总和。因为过程中会消耗人力、物力和财力，所以，该构建成本主要包括设计和规划人力资源管理体系的人员工资、对外发生的各种咨询费和资料费，以及构建过程中的员工培训费等。

由于人力资源管理体系的构建主要涉及日常的行政管理工作，因此，从财务的角度，该部分人力资源成本主要计入管理费用进行核算。

2. 人力资源引入成本

人力资源的引入成本也称招聘成本或人力资源获得成本。企业的经营与发展离不开"人"这一要素，因此需要在经营前期为企业招揽到符合各岗位工作要求的人才。

在招揽人才的环节，企业也要付出一定的成本。这里的成本主要包括招聘、选拔、录用和安置等环节的支出,具体内容见表2-1。

表2-1 人力资源引入成本的构成

成本项目	成本说明
招聘成本	在招聘环节,企业需要通过发布招聘广告让广大求职者得知招聘信息,因此会涉及广告费支出,或者是一些招聘资料费支出,同时,负责招聘工作员工的工资支出也是其中的一部分。另外,企业人力资源部开会讨论招聘工作有关事宜涉及的会议费和办公费等,也可根据会议所处的招聘环节细分到招聘成本中
选拔成本	选拔成本主要是帮助企业从众多求职者中选出企业需要的人才所需耗费的资源,包括面试、复试及体检等工作中发生的费用开支
录用成本	录用成本主要是将符合企业发展需要的人才确定下来所需消耗的资源,如录取手续费、岗位调整补偿费及外地员工入职补贴费等
安置成本	安置成本是将录取的新员工合理安排到各自的岗位上所需耗费的资源,包括指导员工本职工作的员工手册费、为新员工提供工作所需的设备和环境资源等

在人力资源引入环节,主要涉及一些日常的行政管理工作,因此,发生的费用及资源消耗,在财务上确认为管理费用。

3. 人力资源培训成本

为了使新员工快速融入企业工作氛围,或者使在职员工不断提升自己的工作能力,企业需要组织安排必要的培训活动。比如,为新员工组织员工入职培训、为各岗位在职员工组织岗位培训。

员工入职培训一般只在有新员工入职时才进行,而在职员工培训一般定期进行。很显然,企业组织开展员工培训工作,需要消耗一定的资源,如负责组织、安排培训工作的人员工资支出、时间成本,为受培训员工提供培训资料的支出,甚至会发生聘请培训老师的劳务报酬支出。

从财务的角度看,对于行政管理类事务发生的培训资料费,通常计入管理费用进行核算;而负责组织安排培训工作的人员工资及负责授课的老师的劳务报酬等,通常计入应付职工薪酬进行核算。

这里需要注意的是，企业财务上需要提前计提职工教育经费，专门用于职工教育事业的开支，让职工学习先进技术，以帮助职工提高文化水平。

4. 人力资源使用成本

人力资源使用成本是指企业员工在提供劳动过程中，企业需要支付的工资薪酬、职工福利费及必要的员工激励薪酬等。

这部分成本的产生，主要是为了获取员工提供的劳动，以保障企业顺利、正常经营下去。在财务上，这部分开支主要计入应付职工薪酬中，同时，由于人力资源部员工的日常工作属行政管理类，因此这部分职工薪酬最终会归集到管理费用中进行核算，进而对企业的当期经营利润产生影响。

5. 人力资源维持成本

企业为了能一直顺利经营业务，防止员工流失带来的经济损失，就需要在使用人力资源的过程中投入维持人力资源不流失的成本，比如提高薪酬水平或加大员工福利等。

这部分成本通常伴随人力资源使用成本产生，因此会归集到员工薪酬支出中，财务上构成应付职工薪酬，同时确认管理费用。

6. 人力资源缺失成本

人力资源缺失主要包括企业主动遣散员工导致岗位缺失和员工自动离职的岗位缺失。岗位缺失很可能使企业在一段时间内无法保持原来的工作进度，从而产生一些损失。对于企业来说，这些损失也要算作成本，影响经营成果。

人力资源缺失成本主要表现为遣散费或离职补偿成本、员工离职前工作低效产生的时间成本、职位空缺成本，以及管理人员因处理员工离职事务而发生的管理费用等。这部分成本在财务上通常也都表现为管理费用。

2.1.2　企业的职工教育经费必不可少

职工教育经费是指企业按工资总额的一定比例提取，用于职工教育事业的一项费用。

单位职工不但有取得劳动报酬的权利，也享有集体福利的权利，还有接受岗位培训、后续教育的权利，为此，企业就需要一定的教育经费。那么，企业经营过程中发生的哪些费用可以归类到职工教育经费呢？下面进行详细说明。

- ◆ 上岗和转岗培训支出。
- ◆ 各类岗位适应性培训支出和岗位培训支出。
- ◆ 职业技术等级培训支出。
- ◆ 高技能人才培训支出和专业技术人员继续教育支出。
- ◆ 特种作业人员培训支出。
- ◆ 企业组织的职工外送培训的经费支出。
- ◆ 职工参加的职业技能鉴定、职业资格认证等经费支出。
- ◆ 购置教学设备与设施的支出。
- ◆ 职工岗位自学成才奖励费用。
- ◆ 职工教育培训管理费用及有关职工教育的其他开支。

对于企业组织的职工外送培训的经费支出，不仅包括教育报班的费用，对于异地培训涉及的往返交通费、住宿费和餐费等也都可以算作企业组织职工外送培训的经费支出，进而计入职工教育经费。

职工岗位自学成才的奖励费用，不得包括职工参加学历、学位教育的学费，不得在税前扣除。

职工教育培训管理费用开支，比如注册会计师、注册税务师管理人员的费用等，可以计入职工教育经费。

为了更好地了解职工教育经费的开支范围，HR 有必要知道哪些开支项目不包括在职工教育经费以内，相关内容如下。

- 专职教职员工的工资和各项劳保、福利、奖金等，以及按规定发给脱产学习的学员工资。
- 学员学习用的教科书、参考资料、计算尺（器）、小件绘图仪器（如量角器、三角板和圆规等）和笔墨、纸张等其他学习用品的费用开支。
- 举办职工教育所必须购置的设备，凡是符合固定资产标准的，按规定分别在企业更新改造资金、行政、事业费中开支。
- 举办职工教育所需的教室、校舍、教育基地等开支。

然而，经营过程中企业实际发生的职工教育经费支出并不能全额在税前扣除。因此，从税负的角度看，企业发生的职工教育经费并不是越多越好，超过扣除上限以后，不再对企业所得税的减少产生影响，但却会使得企业的经营利润不断减少。对此，HR 也要有清晰的认识。

那么，职工教育经费的扣除上限是多少呢？《财政部税务总局关于企业职工教育经费税前扣除政策的通知》（财税〔2018〕51号）第一项规定："企业发生的职工教育经费支出，不超过工资薪金总额8%的部分，准予在计算企业所得税应纳税所得额时扣除；超过部分，准予在以后纳税年度结转扣除。"

虽然职工教育经费不能随意开支，但是必要的职工教育投入仍需保留。因为这一投入可以提高职工的工作能力，进而提高企业工作运转效率。

2.1.3 为员工缴纳的职工社保和住房公积金也算人力资源成本

职工就职于企业，企业需要支付劳动报酬，同时为职工购买，职工社保和住房公积金。作为 HR 要知道，职工缴纳的职工社保和住房公积金，均要分企业缴纳部分和个人缴纳部分。对于个人缴纳部分，因为是从职工的应得工资中扣除，所以不能算作企业的支出消耗；而对于企业缴纳部分，就是企业的经营管理开支。

不同地区的职工社保和住房公积金缴纳政策不同，且缴费基数也与当地上一年职工平均工资相关。

以某地为例，职工社保缴纳比例见表 2-2。

表 2-2 某地职工社保缴费比例

保险种类	单位缴费比例	个人缴费比例
基本养老保险	16%	8%
失业保险	0.6%	0.4%
工伤保险	0.2%	0%
基本医疗保险	7.55%	2%
大病医疗保险	0.75%	0%

职工社保缴费数额由基数与缴费比例共同决定，因此，只知道缴费比例，还不能计算出应缴纳多少费用。下面通过一个具体的案例介绍职工社保缴费的计算方式。

范例解析 职工社保缴费金额的计算

某公司 2025 年 1 月为职工缴纳职工社保，已知公司当地上一年度职工平均工资为 8 847.00 元，公司以平均工资为缴费基数，假设所有保险的缴费基数相同，职工人数为 50 人。计算 2025 年 1 月公司需要为职工缴纳多少保费。

分析：公司当地上一年度职工平均工资为 8 847.00 元，在上下限之间，以该平均工资为缴费基数。由于各保险缴费基数相同,因此计算如下。

职工社保缴费金额 =8 847.00×(16%+0.6%+0.2%+7.55%+0.75%)×50=111 029.85(元)

也就是说,该公司1月要为职工缴纳111 029.85元的保险费用,这部分费用开支需要通过"应付职工薪酬"科目进行核算,成为企业的人力资源成本。当然,与工资、薪金等一样,也要区分部门和职工性质,分别将人力资源成本归集到管理费用、销售费用和生产成本等项目中。

当公司计提当月应缴纳的职工社会保险费时,应编制如下会计分录。

借:管理费用/销售费用/生产成本等

    贷:应付职工薪酬——社会保险(企业部分)

当然,在编制会计分录时,贷方科目还可以细分到三级科目,如"应付职工薪酬——社会保险——基本养老保险(企业部分)"。当公司实际缴纳职工社保时,应编制如下会计分录。

借:应付职工薪酬——社会保险(企业部分)

    贷:银行存款

这里要注意的是,公司为职工代扣代缴的职工社保,需要通过"其他应收款"科目进行核算,而不是"应付职工薪酬"科目。一般在向职工实际发放工资时计提代扣的个人部分,应编制会计分录如下。

借:应付职工薪酬——工资、薪金

    贷:其他应收款——社会保险(个人部分)

这样一来,公司就可以直接冲减应发给员工的工资数额,这也体现了从员工应发工资中扣除个人缴纳职工社保部分的操作。当公司实际为员工代缴个人部分职工社保时,应编制如下会计分录。

借:其他应收款——社会保险(个人部分)

    贷:银行存款

住房公积金的账务处理可直接参考社会保险费的账务处理。需要说明的是，住房公积金的缴存基数与职工社保的缴存基数通常是不一样的，而且针对住房公积金，企业缴存比例与职工缴存比例是一样的，在5%~12%之间确定具体缴存比例。换句话说，企业为职工缴存住房公积金的比例为5%，个人缴存部分的比例也为5%。

范例解析 核算公司为职工缴存的住房公积金

某公司2025年1月为职工缴存住房公积金，已知公司当地规定的缴存基数为9 407.00元，职工人数为38人。已知公司当地规定的住房公积金缴存比例为8%，计算2025年1月公司需要为职工缴存多少住房公积金。

住房公积金缴存数额=9 407.00×8%×38=28 597.28（元）

公司为职工缴纳的职工社保和住房公积金部分，由于不属于向职工支付的工资，而是应付工资之外的开支，因此需要另外确定为公司的应付职工薪酬。因为这部分开支也与人力资源管理有关，所以是人力资源成本。

2.2　人力资源成本会涉及财务核算

从前述内容也可以看出，企业发生的人力资源成本会涉及财务核算。这一点也需要HR有清晰的认知。与人力资源管理有关的成本消耗，必然需要企业记录在案，以核算经营过程中实际发生的成本。

2.2.1　不同工作性质的员工工资核算处理不同

不同工作性质的员工，其工资虽然都通过"应付职工薪酬"科目核算，但在核算成本、费用时，企业支付给这些员工的工资要计入不同的成本、费用，所以会计核算处理也是不同的。HR一定要对此有深刻的认识。

1. 行政管理类员工工资核算处理

行政管理类员工主要是指企业内部人力资源部门员工、财务部门员工及后勤部门员工等，企业支付给这些员工的工资，要计入管理费用，通过"管理费用"科目进行核算。

在计提当月应支付给这些员工的工资时，应编制如下会计分录。

借：管理费用——工资

　　贷：应付职工薪酬——工资、薪金

当然，应为这些员工缴纳的职工社保和住房公积金的核算，也需要编制如下会计分录。

借：管理费用——社会保险/住房公积金

　　贷：应付职工薪酬——社会保险/住房公积金（企业部分）

实际向员工发放工资时，应编制如下会计分录。

借：应付职工薪酬——工资、薪金

　　贷：银行存款

通常来说，企业在实际发放员工工资时，会按照一次性发放金额编制如上所示的会计分录，并不会单独按照管理类员工的工资数额编制。

范例解析 计提公司管理类员工应发工资

某公司 2025 年 1 月员工应发工资共计 24.56 万元。其中，管理类员工的应发工资共 7.18 万元。那么，财会人员在计提这类员工的应发工资时，应编制如下会计分录。

借：管理费用——工资　　　　　　　　　　71 800.00

　　贷：应付职工薪酬——工资、薪金　　　　71 800.00

2. 销售类员工工资核算处理

销售类员工主要就是企业内部负责开展销售活动的员工，通常以销售部为范围。整个销售部的员工工资都计入销售费用，通过"销售费用"科目进行核算。

在计提当月应支付给销售人员的工资时，应编制如下会计分录。

借：销售费用——工资

贷：应付职工薪酬——工资、薪金

而为销售人员缴纳的职工社保和住房公积金，也相应计入销售费用，应编制如下会计分录。

借：销售费用——社会保险／住房公积金

贷：应付职工薪酬——社会保险／住房公积金（企业部分）

实际向员工发放工资时，应编制如下会计分录。

借：应付职工薪酬——工资、薪金

贷：银行存款

范例解析 计提公司销售类员工应发工资

某公司2025年1月员工应发工资共计24.56万元。其中，销售类员工的应发工资共7.20万元。那么，财会人员在计提这类员工的应发工资时，应编制如下会计分录。

借：销售费用——工资　　　　　　　　　72 000.00

贷：应付职工薪酬——工资、薪金　　　　72 000.00

3. 一线生产员工工资核算处理

一线生产员工是指负责企业内部主要生产活动的员工，具体就是一些生产工人。这部分员工的工资都计入生产成本，通过"生产成本"科目进行核算。HR要明白，对于企业来说，这部分员工的工资支出最终会进入产品，构成产品成本的一部分。

在计提当月应支付给生产工人的工资时，需要编制如下会计分录。

借：生产成本——工资

贷：应付职工薪酬——工资、薪金

为生产工人缴纳的职工社保和住房公积金，也相应计入生产成本，编制如下会计分录。

借：生产成本——社会保险/住房公积金

贷：应付职工薪酬——社会保险/住房公积金（企业部分）

范例解析 计提公司生产类员工应发工资

某公司2025年1月员工应发工资共计24.56万元。其中，生产类员工的应发工资共8.18万元。那么，财会人员在计提这类员工的应发工资时，应编制如下会计分录。

借：生产成本——工资　　　　　　　　　81 800.00

贷：应付职工薪酬——工资、薪金　　　　　81 800.00

4. 生产管理类员工工资核算处理

生产管理类员工主要是指生产车间管理人员，这些人员不实际参与生产活动，只帮助企业对生产工作和生产工人实施管理。这类员工的工资计入制造费用，通过"制造费用"科目进行核算。

注意，"制造费用"科目的余额，期末需要结转到"生产成本"科目中，与生产工人工资一起构成产品成本的一部分。

在计提当月应支付给生产管理人员的工资时，需要编制如下会计分录。

借：制造费用——工资

贷：应付职工薪酬——工资、薪金

为生产管理人员缴纳的职工社保和住房公积金，也相应计入制造费用，应编制如下会计分录。

借：制造费用——社会保险/住房公积金

贷：应付职工薪酬——社会保险/住房公积金（企业部分）

期末，要将企业的制造费用余额，结转为生产成本，应编制会计分录如下。

借：生产成本
　　贷：制造费用

制造费用的结转通常在期末一次性完成，不会按照每发生一次制造费用就结转一次的方式处理。

范例解析 **计提公司生产管理类员工应发工资**

某公司 2025 年 1 月员工应发工资共计 24.56 万元。其中，生产管理类员工的应发工资共 2.00 万元。那么，财会人员在计提这类员工的应发工资时，应编制如下会计分录。

借：制造费用——工资　　　　　　　　　20 000.00
　　贷：应付职工薪酬——工资、薪金　　　　　　200 000.00

综合上述内容，HR 应该具有这样的财务思维：企业对员工支付的工资，并不是所有都计入了产品成本，有些员工工资直接计入当期损益，影响当期经营利润。

2.2.2　员工自行离职与被辞退对人力资源成本的影响

不管是招聘（应聘）环节，还是用人（任职）环节，企业与员工之间一直都是双向选择的关系。企业如果觉得员工在其位不谋其职，可以选择与员工解除劳动关系；员工如果觉得企业给的工资待遇不好，也可以选择主动离职。

然而，员工主动离职和企业辞退员工，对于企业来说，会产生不同的人力资源成本。这其中究竟是怎么一回事呢？

1. 员工自行离职对企业人力资源成本的影响

员工自行离职是出于员工自己的主动性，企业不承担给付经济赔偿的责任。此时，企业只需要向员工支付全部应得的工资、福利费和其他奖金等即可。

很显然，员工自行离职的情况下，在企业进行的成本预算中，薪酬预算与实际支付金额不会有太大出入，也就不会对人力资源成本产生明显的影响。

但是，员工自行离职后，如果企业无法在第一时间招聘到该岗位的新员工，此时就会发生职位空缺成本。因为职位空缺成本只表现在人手不够，业务的开展速度较慢上，所以短时间内不会对企业的人力资源成本造成明显影响。但如果职位空缺时间较长，就会累积业务开展速度变慢带来的不利影响，从而增加企业管理方面的费用开支，进而增加人力资源成本。

范例解析 员工自行离职对公司人力资源成本的影响

严某在一家技术服务公司上班，2025年2月主动向公司提出离职，并在月底前办理完离职手续。

假设在严某离职前，公司每月人力资源成本共10.25万元。严某离职后，由于减少了其工资部分的人力资源成本0.90万元，因此每月人力资源成本为9.35万元。

3月，公司积极招聘严某所在岗位的员工，共耗费招聘成本0.20万元；另外由于严某离职而增加了一些管理费用，共0.80万元。所以3月人力资源成本总计10.35万元（9.35+0.20+0.80）。当月仍然没有招聘到合适的员工。

4月，公司继续招聘该岗位员工，为了提高招聘成功率，公司提高了招聘费用支出，当月共发生0.52万元，管理费用依然增加0.80万元。在其他人力资源成本不变的情况下，当月总计人力资源成本为10.67万元（9.35+0.52+0.80）。

至此，如果严某不离职，公司3月和4月的人力资源成本合计20.50万元；严某离职后，3月和4月人力资源成本合计21.02万元（10.35+10.67）。

如果公司在3月就招聘到合适的员工，则严某离职后3月发生的人力资源成本10.35万元，只比严某不离职的人力资源成本10.25万元多0.10万元，也就是说对人力资源成本造成的影响也就只有0.10万元。而如果3月没有招聘到合适的员工，4月又继续开展招聘活动，此时严某离职后两个月的人力资源成本总和 21.02 万元，比严某不离职的两个月的人力资源成本 20.50 万元多 0.52 万元。

从案例分析结果可知，该案例中员工自行离职后，在减少薪酬支出的同时会增加企业的招聘成本和管理成本，且职位空缺时间越长，对人力资源成本的不利影响就越大。

2. 企业辞退员工对企业人力资源成本的影响

企业辞退员工，需要按照《中华人民共和国劳动法》的规定给予劳动者经济补偿。如果不按规定支付经济补偿，劳动行政部门就会责令企业向劳动者支付工资报酬、经济补偿及赔偿金。

如果企业违反《中华人民共和国劳动法》规定的条件解除劳动合同（即辞退员工），对劳动者造成损害的，企业应承担赔偿责任。

换句话说，在员工没有明显错处的情况下，企业辞退员工，会增加人力资源成本。

HR 对于企业辞退员工，需要了解的是辞退员工所支付的经济补偿也要通过"应付职工薪酬"科目进行核算，而明细科目确定为辞退福利，统一计入管理费用，此时不再需要区分被辞退员工原来任职的部门或岗位。常用到的会计分录如下。

借：管理费用
  贷：应付职工薪酬——辞退福利
借：应付职工薪酬——辞退福利
  贷：银行存款/库存现金

范例解析 公司辞退员工需要支付的经济补偿的处理

某公司 2025 年初因调整产品结构，解雇生产工人 5 名，协议支付给每位工人补偿费 2.00 万元，同时将这 5 名生产工人当月的工资也一并发放，共 3.50 万元。相关账务处理如下。

①计提需要支付的当月工资。

借：生产成本　　　　　　　　　　　　　35 000.00
　　贷：应付职工薪酬——工资、奖金　　　　　35 000.00

②核算应支付给解雇员工的经济补偿。

金额=5×2.00=10.00（万元）

借：管理费用　　　　　　　　　　　　　100 000.00
　　贷：应付职工薪酬——辞退福利　　　　　100 000.00

③支付工资和经济补偿。

借：应付职工薪酬——工资、奖金　　　　35 000.00
　　　　　　　　　——辞退福利　　　　　100 000.00
　　贷：银行存款　　　　　　　　　　　　135 000.00

在上述案例中，公司辞退员工总共发生13.50万元的薪酬支出，其中包括10.00万元的经济补偿。如果这些员工是自行离职，则公司只需要支付当月工资3.50万元，足足少了10.00万元的人力资源成本。由此可见，因公司原因辞退员工时，公司需要付出较多的人力资源成本。

2.2.3　为员工购买的商业保险如何做账务处理

《中华人民共和国企业所得税法实施条例》（以下简称《企业所得税法实施条例》）第三十六条规定："除企业依照国家有关规定为特殊工种职工支付的人身安全保险费和国务院财政、税务主管部门规定可以扣除的其他商业保险费外，企业为投资者或者职工支付的商业保险费，不得扣除。"

换句话说，如果企业为投资者或职工支付的商业保险费不符合《企业所得税法实施条例》规定的特殊情况，则企业为员工购买的商业保险是法定不可扣除项目，要并入员工个人工资收入，纳入员工工资薪金所得，缴纳个人所得税。而作为企业方，在进行会计处理时，需要区分两种情况。

1. 商业保险作为员工奖励

如果企业为员工购买的商业保险是作为员工奖励，此时应编制会计分录如下。

①计提应支付的商业保险费。

借：管理费用/销售费用/制造费用
　　贷：应付职工薪酬——工资、奖金、津贴和补贴

②交纳商业保险费。

借：应付职工薪酬——工资、奖金、津贴和补贴
　　贷：银行存款

显然，企业为员工购买的商业保险作为员工奖励时，保险费支出属于工资、薪金支出，在计缴企业所得税时可以全额进行税前扣除。

范例解析 公司为员工购买商业保险作为奖励

某公司有员工13人，除为员工购买职工社保和住房公积金外，还为每位员工购买了商业保险，作为对员工辛苦工作的奖励。已知购买商业保险一年支出保险费共1.56万元，其中，管理人员的商业保险费共0.48万元，销售人员的商业保险费共1.08万元。那么这笔支出会计人员也是需要记账的，内容如下。

①计提公司应支付的商业保险费。

借：管理费用　　　　　　　　　　　　　4 800.00
　　销售费用　　　　　　　　　　　　　10 800.00
　　贷：应付职工薪酬——工资、奖金、津贴和补贴　15 600.00

②实际交纳保险费。

借：应付职工薪酬——工资、奖金、津贴和补贴　15 600.00
　　贷：银行存款　　　　　　　　　　　　15 600.00

2. 商业保险作为员工福利

如果企业为员工购买的商业保险是作为员工福利，此时应编制会计分录如下。

①计提应支付的商业保险费。

借：管理费用／销售费用／制造费用

　　贷：应付职工薪酬——职工福利费

②交纳商业保险费。

借：应付职工薪酬——职工福利费

　　贷：银行存款

显然，企业为员工购买的商业保险作为员工福利时，保险费支出属于职工福利费支出，要在职工福利费中列支，因此受到"不超过工资薪金总额14%"的限制。也就是说，如果商业保险费支出超过了工资薪金总额14%的范围，此时职工福利费支出不能在计缴企业所得税时进行税前扣除。如果没有超过工资薪金总额14%，则可以在税前扣除。如果一部分在工资薪金总额14%内，剩下部分超过工资薪金总额14%的，则超过部分不能在税前扣除。

范例解析 公司为员工购买商业保险作为职工福利

某公司有员工13人，除为员工购买职工社保和住房公积金外，还为每位员工购买了商业保险，作为员工福利。已知购买商业保险一年支出保险费共1.56万元，其中，管理人员的商业保险费共0.48万元，销售人员的商业保险费共1.08万元。那么这笔支出会计人员又应该做怎样的处理呢？

①计提公司应支付的商业保险费。

借：管理费用　　　　　　　　　　　　4 800.00

　　销售费用　　　　　　　　　　　　10 800.00

　　贷：应付职工薪酬——职工福利费　　　15 600.00

②实际交纳保险费。

借：应付职工薪酬——职工福利费　　　　　　　15 600.00

　　贷：银行存款　　　　　　　　　　　　　　　　　15 600.00

2.3　如何正确控制人力资源成本

对企业来说，控制人力资源成本并不能单纯地减少人力和相应的开支，因为这样可能导致企业正常经营受到不利影响，业务无法顺利开展，或者因岗位缺失导致工作混乱等。所以，控制人力资源成本的方法一定要正确，HR需要掌握一些实用的、科学的控制人力资源成本的方法。

2.3.1　重视人力资源管理中的隐性成本

在日常的人力资源成本控制中，企业通常更重视显性成本的控制，从而忽略对隐性成本的控制。这也难免，因为隐性成本是由于企业的一些有意或无意的行为造成的一种隐藏在经济组织总成本中的、游离于财务监督之外的成本。

如果企业能深入了解人力资源管理中的隐性成本，就可以帮助企业更好地控制人力资源成本，提高人力资源管理水平。那么，企业在生产经营过程中容易忽略的人力资源管理隐性成本有哪些呢？

1. 试用期成本

通常，企业招聘员工都会规定一个试用期，在这一期间企业需要对员工进行企业文化和岗位知识与技能等必要的培训，由此就会发生培训成本及耗费时间、精力。如果最终员工与企业实现了双向选择，员工成功转正，则企业在试用期付出的隐性成本就能得到员工后期提供的劳务的弥补。

然而，现实中并不是所有进入试用期的员工都会顺利转正，一旦员工没有转正，企业在试用期付出的时间、精力及资料费等都会形成无法被弥补的隐性成本。

2. 交替成本

交替成本指员工离职、企业重新招聘新员工时产生的新招聘成本和无法及时补充人才的岗位缺失成本。这里面除了有可以记录在账面上的办公费用，其他都是无法利用财务反映的隐性成本。

3. 人才流失成本

通常来说，企业招聘的新员工无论是在工作能力上还是工作业绩上，可能都不如离职的员工或其他老员工，此时新员工与离职员工之间的工作量差和质差也是企业应该考虑的一项隐性成本。

4. 风险成本

如果离职员工是企业的核心员工，如企业的中高层或敏感职位的员工，这对企业来说就可能面临商业机密外泄的风险，进而造成客户资源流失，甚至整个协作团队被带着集体跳槽。这会给企业带来较大的经营风险，而企业为了规避或降低这样的风险，就需要采取积极的措施并付出相应的管理成本。

5. 新员工入职管理成本

当有新员工入职时，企业需要在人员管理上消耗大量的精力，包括带领新员工了解办公环境、同事关系、考勤制度、休假制度等规章制度。此外，还涉及占用HR及有关部门人员的时间成本。

6. 流程管理成本

有些企业对于岗位的设置，以及工作流程的规定不科学、不合理，导致流程中很多工作重复或很多作业路线重复，进而给企业带来隐性成本，如浪费的时间成本。

7. 手工作业成本

当一家企业没有做到合理的电子化办公，员工工作期间仍然需要通过大量的手工操作才能完成任务，这样就会拖慢工作速度，降低工作效率，进而给企业带来无法体现在会计账目上的时间成本。

在实际的企业人力资源管理工作中，包括但不限于前述这些隐性成本，它们主要体现在时间、精力的耗费上，而这些都无法通过企业财务账目反映，所以称其为隐性成本。

2.3.2 招聘活动效益与人力资源成本控制息息相关

招聘活动效益通常表现在是否找到企业需要的人才、是否及时找到需要的人才及是否在预算成本内完成了招聘工作等。前两项主要涉及人力资源成本控制中的时间成本管理，而是否在预算成本内完成招聘工作就直接表现为人力资源成本中的一些显性成本的控制上。

由此可见，招聘活动效益与人力资源成本控制联系紧密。

如何控制人力资源成本，才能使企业及时找到需要的人才，并在预算成本内完成招聘工作，这就是人力资源成本控制需要考虑的问题。

1. 提高招聘的有效性

HR 在招聘过程中，提高招聘的有效性，可降低重复招聘成本。

HR 结合企业的战略需求和实际需要，不仅要了解应聘人员取得的资格证书、资质资历，还要对其进行相关工作能力、人际交往和个人思想品德的测试，尽快帮助应聘成功者熟悉企业文化环境，使其在最短时间内融入新的工作团队和工作环境，从而有效提高工作效率。

2. 充分利用互联网等新媒体技术实施招聘

HR 利用新媒体技术实施招聘，可省去很多不必要的投入。

HR 在招聘人才时，先要制订明确的用人需求计划表，然后就可以利用先进的网络技术和信息技术实施招聘工作。如利用微信、微博等网络平台宣传企业文化、发布招聘信息等，可有效减少在电视广播、报纸及高校招聘上的宣传和组织投入，从而节省招聘开支。

3. 制订科学合理的招聘计划

HR 在招聘前期如果制订了科学合理的招聘计划，将会指导后续的招聘工作高效进行，从而节省时间成本。

通过对企业发展情况进行科学的分析与统计后，明确用人需求和标准，制订科学、合理的招聘计划，使招聘过程中能更准确地找到与岗位相匹配的人才，节省反复挑选的时间成本。

4. 合理、合法缩短新员工的试用期

HR 将应聘者招入企业后，要协助企业尽快提升新员工的工作能力，从而合理、合法地缩短新员工的试用期。

缩短新员工的试用期也能在一定程度上帮助企业减少人力资源成本，并且可以促进企业充分调动各方面的资源，使企业运转真正"活"起来。

5. 利用财务本身价值方向作用于人力资源

HR 要协助企业管理者，站在战略的高度加强企业对财务管理部门的控制，充分发挥财务本身的价值优势。通过财务管理工作准确把握市场动态变化，然后对企业经营成本进行合理测定，据此来控制和减少不必要的低效劳动或无效劳动。

2.3.3 要懂得使培训费尽可能发挥作用

HR要知道，企业发生的员工培训费，通常计入管理费用中，而管理费用直接影响企业的当期损益，可通俗理解为企业的支出。因此，使培训费尽可能发挥作用，降低培训费的浪费，就能有效控制培训费支出。

让培训费尽可能发挥作用，不仅可以提高培训效率，还可以增强培训效果。如图2-1所示。

注重培训工作的效率。在同样的培训费预算范围内，可以进行更多的培训活动，让员工学到更多有用的内容

在无法降低必要培训费支出的情况下，提高培训活动的效果，可相应提高受训员工的技能水平，从而提高工作效率和效益，这样在有限的时间内，员工为企业创造的价值更高。员工达到某个能力水平需要经历的培训次数就可能相应减少，也就减少了培训费

图2-1 提高培训效率或增强培训效果

HR要明白，企业培训费支出是必不可少的，不能因为节省开支、控制成本就随意压缩培训费，应该协助企业财务部做好培训费的监控和运用，使培训费用在"刀刃"上。

2.3.4 不要小瞧了员工考勤对控制成本的作用

考勤即考查出勤之意。员工考勤是企事业单位或其他组织,通过某种方式来获得员工在企业的上班时间内的出勤情况,包括上下班、迟到、早退、病假、婚假、丧假、公休、工作时间、带薪休假和加班情况等。那么,这些情况与企业控制成本存在怎样的关系呢?下面通过图 2-2 和图 2-3 来进行说明。

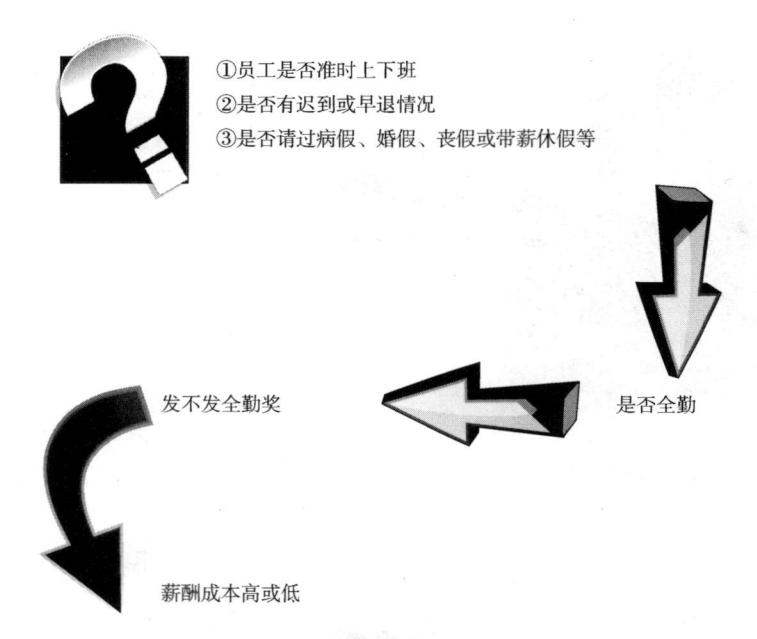

①员工是否准时上下班
②是否有迟到或早退情况
③是否请过病假、婚假、丧假或带薪休假等

是否全勤

发不发全勤奖

薪酬成本高或低

图 2-2 缺勤与否和成本控制

假设某个月企业共有 5 名员工存在迟到、早退、请病假等情况,所以这 5 名员工本身是不符合全勤奖发放条件的。但如果企业不重视员工考勤管理工作,当月只记录了 3 位员工不能享受全勤奖,那么,企业当月就会多支出两名员工的全勤奖,进而增加薪酬成本。

①当月有多少员工加班
②员工是周内工作时间以外加班,还是周末加班,又或者是法定节假日加班
③员工加班时长分别是多少
④加班工资给付标准是怎样的

是否需要支付加班费

发多少加班费

加班工资支出高或低

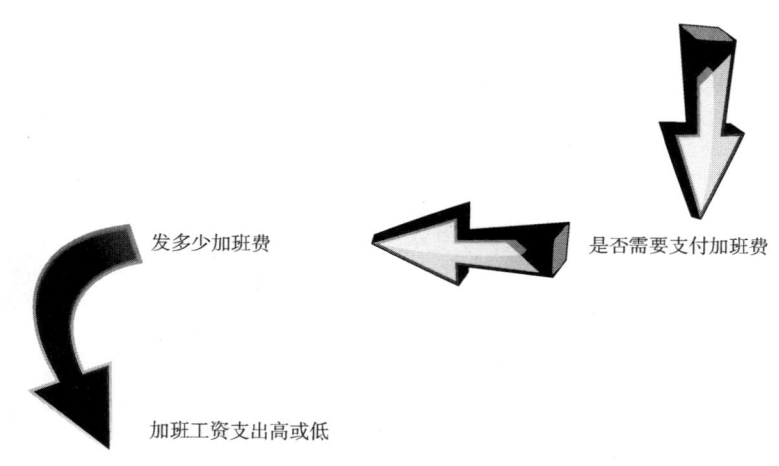

图 2-3　加班与否和成本控制

假设某个月企业共有 10 名员工加过班,其中 5 名员工在周内工作时间外加班,共 10 个小时;还有 4 名员工周末加班,共 32 个小时;另外一名员工在法定节假日加班一天,共 8 小时。如果企业不重视员工考勤管理工作,当月加过班的人数记录错误,或者加班时长统计错误等,则企业核算的加班工资支出就不准确。

有人会说,如果少记了,那企业岂不是就可以减少加班工资支出了?理论上没错,但这样一来,一旦员工发现工资计算错误,企业依然需要将加班工资补发给员工,也起不到降低人力资源成本的效果。而如果多记了,很显然,企业将多支出加班工资,后期企业核查发现了,还能向员工要求转回,但如果没有发现,多支出的部分就增加了企业的人力资源成本。

第3章
人力资源成本的预算管理

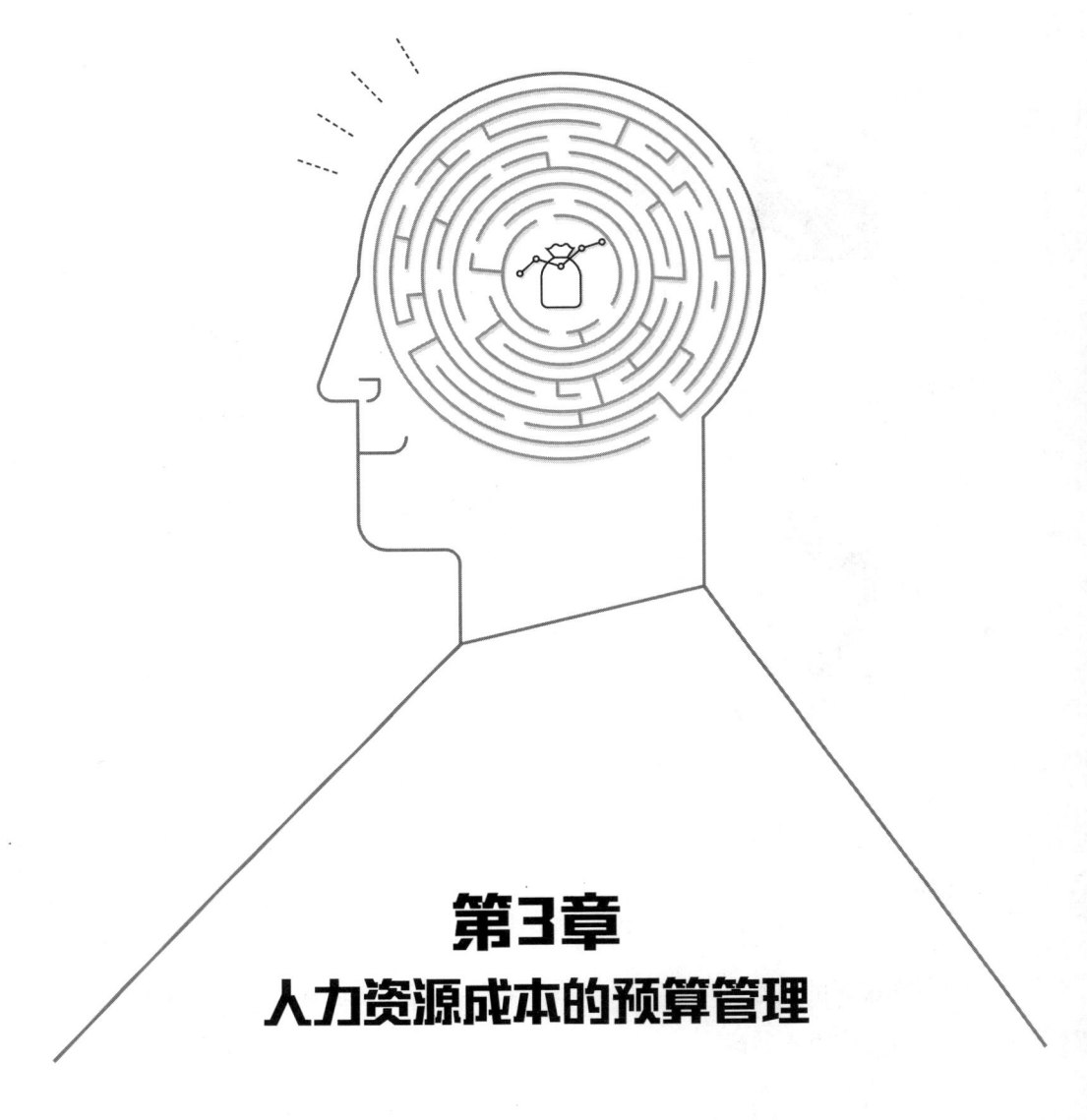

预算管理是企业在战略目标的指导下,对未来经营活动和相应财务结果进行的预测和筹划。而影响企业财务结果的因素中,人力资源成本必然是其重要组成部分,所以有必要对人力资源成本进行预算。

3.1 严格遵照全面预算管理目标执行

执行全面预算管理后，通过监控执行过程，将实际完成情况与预算目标作对比，就可及时指导经营活动的改善和调整，帮助管理者更有效地管理企业。作为管理分支的人力资源管理也能从中获益，充分运用企业的人力资源。

3.1.1 了解什么是预算和全面预算

预算在某种程度上也可称为预估，因为企业经营成本的预估涉及数据核算，所以我们更准确地称之为预算，即预先测算。

全面预算是关于企业在一定时期内各项业务活动、财务表现等方面的总体预测。它包括经营预算和财务预算，具体内容如图 3-1 所示。

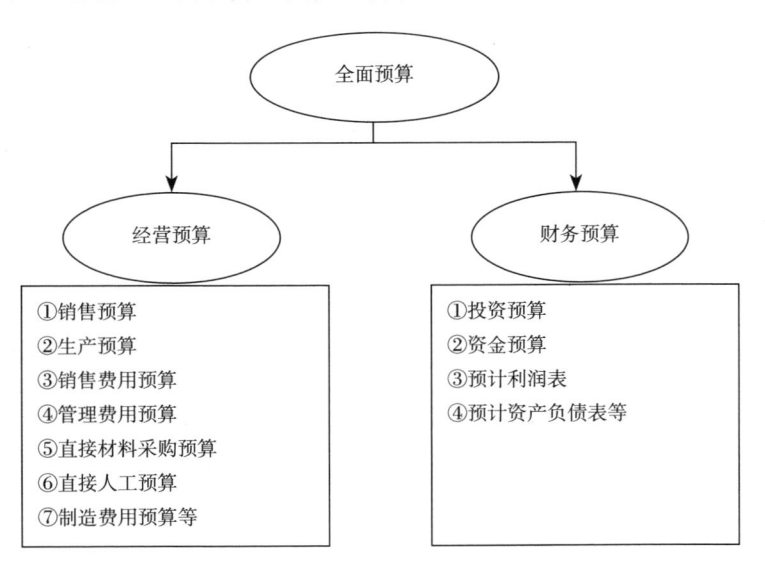

```
                    全面预算
                   /        \
              经营预算      财务预算
              ①销售预算    ①投资预算
              ②生产预算    ②资金预算
              ③销售费用预算 ③预计利润表
              ④管理费用预算 ④预计资产负债表等
              ⑤直接材料采购预算
              ⑥直接人工预算
              ⑦制造费用预算等
```

图 3-1 全面预算的内容

从前面的内容我们已经知道，一家企业内部的员工，不同岗位的员工薪酬会计入不同的费用或成本。比如，行政管理人员、财务部员工、人力

53

资源部员工等的薪酬成本需要计入管理费用；生产车间生产工人的薪酬成本需要计入生产成本，属于生产成本中的直接人工支出；生产车间管理人员的薪酬成本需要计入制造费用；销售部门员工的薪酬成本需要计入销售费用。

因此，人力资源成本就会涉及管理费用预算、直接人工预算、制造费用预算和销售费用预算等。这也是人力资源成本要进行预算管理的原因。

3.1.2 全面预算的三个层面

全面预算是企业将经营、投资和财务等一切经济活动和企业的人、财、物各方面与供、产、销各环节都纳入预算管理，从而形成的由业务预算、投资预算、筹资预算和财务预算等一系列预算组成的相互衔接和钩稽的综合预算体系。

一家企业的全面预算管理主要体现在三个方面：全方位、全过程及全员参与编制和实施，如图3-2所示。

全面预算的"三全"

全方位	全过程	全员参与编制和实施
全面预算的"全方位"指企业的全部经济活动均纳入预算体系	全面预算的"全过程"指企业的各项经济活动的事前、事中、事后均要纳入预算管理过程	全面预算的"全员参与编制和实施"指企业的各部门、各单位、各岗位和各级人员共同参与预算编制和实施

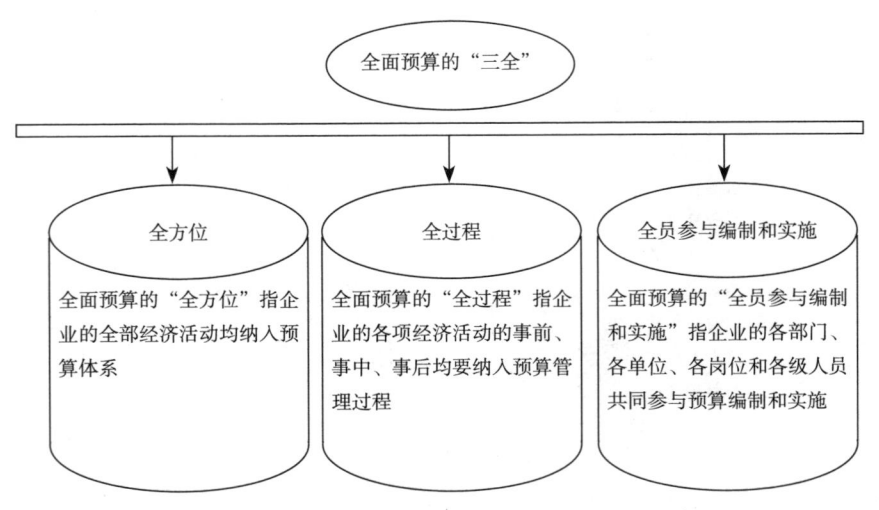

图3-2 全面预算管理体现的"三全"

a. 从全方位来看。由于全面预算管理将企业的全部经济活动均纳入预算体系，因此人力资源管理活动也会纳入预算体系，所以需要进行人力资源成本预算。

b. 从全过程来看。企业的各项经济活动的事前、事中、事后都要纳入预算管理过程，所以包括了人力资源管理工作的事前、事中和事后管理。比如，事前做好人力资源需求成本预算，事中对人力资源成本比照预算进行监控，事后对人力资源成本实际发生数与预算作对比分析。

c. 从全员参与编制与实施来看。企业的各部门、各岗位和各级人员都要参与预算编制和实施，这就包括人力资源部的各个岗位人员也要参与到预算管理工作中，而主要的工作内容是做好人力资源成本预算，同时协助企业财务部做好财务预算。

3.1.3　编制全面预算涉及五个过程

全面预算的编制主要有五个步骤，这五个步骤并没有绝对的先后顺序，编制时体现为动态交互。

1. 自上而下，滚动修订战略目标，下达期望经营目标

企业结合内外经营环境的变化，滚动修订自身发展战略目标和实现目标的节奏，然后向内部各单位、各部门下达企业一定时期的总体期望目标及规划指标，并从集团（预算委员会）→分子公司（预算组）→部门→基层人员，层层分解战略目标。

在这个过程中，人力资源部就会接到与人力资源管理有关的战略目标。

2. 自下而上，制订实现期望目标的行动计划和方案

企业内部最基层业务及成本控制人员依据历史数据与未来变化趋势，自行草编预算，并制订实现目标的执行计划和方案，确保预算的可靠性与贴合实际性。然后各部门汇总自己部门的预算，进行初步协调，层层质询本部门的预算，编制出销售、生产、财务等预算。从基层人员→部门→分子公司（预算组）→集团（预算委员会），自下而上层层确定行动计划和方案。

在这一过程中，人力资源部需要草编与人力资源成本相关的预算，比如招聘费用预算、面试费用预算、员工试岗培训预算及安排新员工入职费用预算等，然后根据历史数据和未来发展趋势，制订实现预算目标的具体招聘计划和方案，进行汇总后，与其他部门进行初步协调，完善本部门的人力资源成本预算。

3. 上下平衡，汇总、质询、修正预算

各分子公司预算小组或各部门预算人员，审查、质询、平衡各职能预算，汇总本单位或本部门全面预算，经总经理批准，上报预算委员会。预算委员会审查、质询、平衡各利润中心和一级资源中心预算，汇总出整个集团或整个企业的全面预算，经总裁批准、审议机构通过或驳回修改预算。另外，主要预算指标要向董事会或上级主管单位报告，讨论通过或驳回修改。

在此过程中，人力资源部负责编制预算的人员，审查、质询和平衡人力资源成本预算，最后汇总，经总经理批准，上报预算委员会，由预算委员会审查、质询、平衡后，得出整个企业的全面预算，经总裁批准，审议机构通过或驳回修改预算，人力资源部按规定修改预算。

4. 批准执行

整个集团或企业的全面预算经批准通过后，层层下发，各分子公司或各部门按照预算目标，调整执行。

人力资源部在接收到企业上级下发的全面预算后，确定本部门的预算目标，实际管理工作中根据预算目标，调整执行与人力资源成本有关的工作和活动。

5. 进行业绩管理

企业或集团内部各部门分别进行季度、年度经营业绩考核，并滚动修订相关计划。

这一过程中，人力资源部需要对本部门季度、年度的管理工作做好业绩考核，比如招聘人数任务是否达标，所招聘的新员工能力是否达到入职标准，当期实际耗费的人力资源成本是否超过当期人力资源成本预算目标等。然后做好数据统计和归档，以便于进行下一期间的预算计划编制。

总结一下，人力资源成本预算计划的编制流程如图3-3所示。

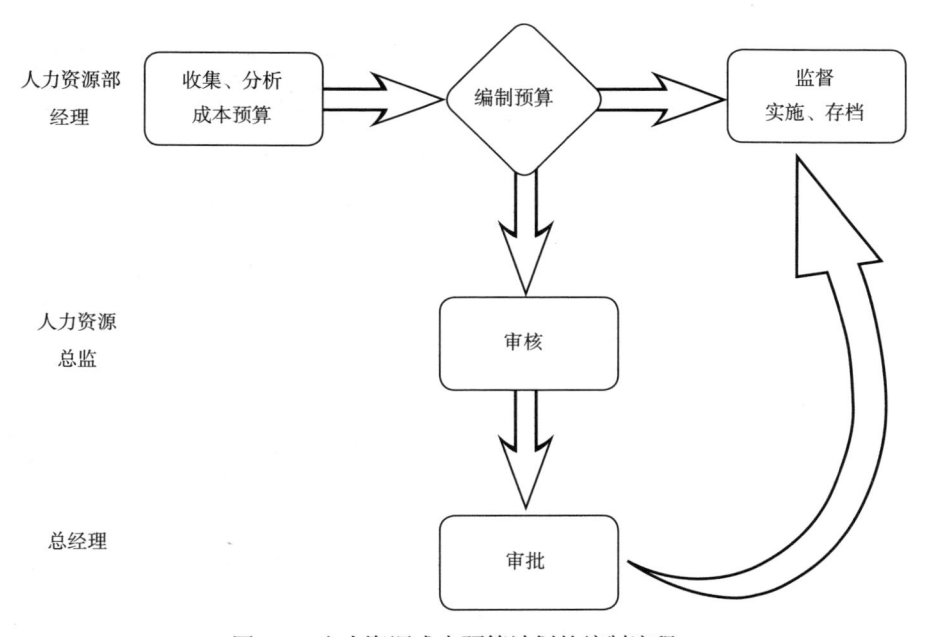

图 3-3　人力资源成本预算计划的编制流程

3.2　人力资源成本预算的编制

在初步了解了全面预算和人力资源成本预算计划的编制流程后，HR

还要知道人力资源成本预算编制的相关知识，比如编制预算时需要遵循的原则，薪酬调整对人力资源成本预算编制的影响，编制薪酬预算要明确薪酬策略，以及薪酬预算的控制关键点等。

3.2.1 熟知编制人力资源成本预算的"三定"关系

人力资源成本预算的"三定"关系实际上是指人力资源管理中的"三定"关系，企业在编制人力资源成本预算时，也需要用到"三定"关系，大致内容如图3-4所示。

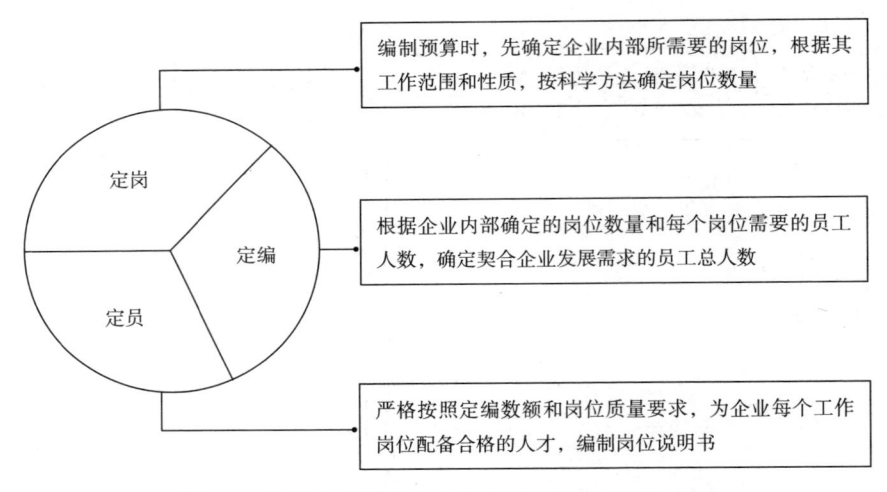

图 3-4 编制人力资源成本预算用到的"三定"关系

借助"三定"关系，HR要协助人力资源部做好以下事宜。

第一，统计薪酬体系和职位体系。

第二，请求销售部和财务部协助，获得企业上年度销售额、成本、利润和本年度销售额及利润的数据资料。

第三，根据获得的数据资料，在财务部、企划部的协助下，测算出企业本年度需要增加的人力资源成本总额，并进一步测算出预期增加的人力资源成本总额、人员数量和岗位。

HR协助人力资源部进行人力资源成本预算编制时，可能会用到年度人力资源需求预测表，具体内容见表3-1。

表3-1　年度人力资源需求预测表

预测内容	时　间		
	上一年度	本年度	下一年度
行政辅助职系	现实人数：	期初人数：	期初人数：
	现实需求：	需增加岗位和人数：	需增加岗位和人数：
	流失人数：	流失人数预测：	流失人数预测：
	总需求：	总需求：	总需求：
技术职系	现实人数：	期初人数：	期初人数：
	现实需求：	需增加岗位和人数：	需增加岗位和人数：
	流失人数：	流失人数预测：	流失人数预测：
	总需求：	总需求：	总需求：
总　计	现实人数：	期初人数：	期初人数：
	现实需求：	需增加岗位和人数：	需增加岗位和人数：
	流失人数：	流失人数预测：	流失人数预测：
	总需求：	总需求：	总需求：

还可能用到各部门人员配置及人力资源需求预测表,具体内容见表3-2。

表3-2　各部门人员配置及人力资源需求预测表

部　门	目前编制	人员配置情况			人员需求
		超　编	缺　编	不符合岗位要求	
生产部					
销售部					
财务部					
人力资源部					
……					
合计					

> **知识扩展**　**"三定"关系管理涉及的具体方法**
>
> "定岗"的方法主要有流程优化法、组织分析法和标杆瞄准法等;"定编"的方法主要有劳动效率法等;"定员"的方法主要有设备定员法、岗位定员法等。下面对其中一些典型方法进行详解。
>
> 标杆瞄准法是指企业将自己的服务、产品、成本和经营实践经验,与那些相对应的方面表现突出的企业进行比较,学别人的优点,保持自身优势,以改进本企业业务表现和经营业绩。
>
> 劳动效率法是指根据员工的劳动效率、生产任务及出勤等因素,计算岗位人数。这样一来,企业可有效克服员工工作不积极的现象,保证企业的劳动效率和经营业绩。
>
> 设备定员法是指不管工作条件如何,都假定只要设备、设施运行中都需要人员看管,然后看岗位是否需要多人共同操作,认真分析员工工作量、设备设施有效工作率和岗位的特点,再结合企业现状,进行劳动定员。
>
> 岗位定员法是指企业对于没有设备实施的工作岗位,或者工作面广且工作量难以计算的岗位,根据工作效率、工作人员的工作态度和工作能力等,综合分析岗位特征进行定员,如生产管理人员、行政管理人员等。

3.2.2 人力资源成本预算的编制应遵循的原则

HR要知道，企业进行人力资源成本预算的编制时，需要遵循一定的原则，这样才能保证编制出的人力资源成本预算更合理、准确。

1. 预算要以保证企业经营管理活动完整性为前提

HR为企业进行人力资源成本预算时，通过盘点企业人力资源现状，合理预测下一年度企业人力资源需求。企业不能因为要控制人力资源成本就盲目地削减岗位、缩减人员，这样可能导致企业的经营管理活动无法正常运行。

因此，HR编制人力资源成本预算时，一定要以保证企业经营管理活动完整性为前提，在此基础上，合理控制人力资源成本。

2. 保证企业人力资源供需合理

在制订人力资源成本预算前，HR需要充分了解本企业人力资源供需结构，根据企业的发展战略预测出下一年度甚至未来年度的人员需求，保证企业的人力资源供需合理，防止出现供过于求职位冗余或供不应求职位空缺的现象。

3. 要对企业人力资源管理活动起实质性指导和控制作用

HR为企业编制的人力资源成本预算，应能对人力资源管理活动起到实质性的指导和控制作用，使一切人力资源活动在人力资源成本预算的指导下有序地进行，保证人力资源管理活动的科学性和有序性。

4. 能有效控制人力资源成本

企业编制人力资源成本预算的目的，就是要科学控制未来的人力资源管理活动的成本，促进企业在人力资源管理活动中实现资金的最大化利用。因此，能有效控制人力资源成本是企业编制人力资源成本预算需要遵循的原则之一。

3.2.3 薪酬调整对人力资源成本预算编制的影响

HR 主要是以历史数据为参考，再结合本年度或未来用人需求，为企业编制人力资源成本预算。因此，HR 在参考本企业薪酬水平时，用的几乎都是过去的薪酬数据，如果 HR 从本企业本部门和其他部门获取的人员未来需求信息没有增减变动，薪酬标准也没有调整，那么人力资源成本预算的编制就可以直接使用过去的薪酬数据。

如果 HR 从本企业本部门和其他部门获取的人员未来需求信息有增减变动，或者薪酬标准有相应调整，那么人力资源成本预算的编制还需要结合调整后的薪酬标准及预测的未来人员需求变化进行相应的修正和优化。

范例解析 薪酬调整对公司人力资源成本预算的影响

假设某公司上年度职工薪酬支出共计 23.25 万元，本年度公司 HR 根据内部各部门的人员需求计划表，预测本年度公司不会有明显的人员变动，相关工资标准也没有调整计划。

那么，此时 HR 编制的本年度人力资源成本预算就可以根据上年度职工薪酬支出进行编制。

但如果从内部各部门的人员需求计划表看，有明显的人员变动，如高层管理者离职或重新聘请、因业务扩展需聘请一批新员工等，或者对当前公司内部员工整体调整基本工资及绩效工资计算标准的。此时 HR 需要在上年度职工薪酬支出的基础上，结合本年度人力资源需求变动和薪酬标准，调整本年度人力资源成本预算。

假设本年度有一名高层管理人员要离职，其工资为每月 4.80 万元，同时还因为市场人才紧缺而需要花更高的价格聘请一名高层管理人员，每月承诺工资 5.00 万元。在不考虑职位空缺和招聘成本的前提下，这一人力资源变动会影响当年人力资源成本预算。

针对该高层管理人员每年需要多花费的职工薪酬 =（5.00-4.80）×12= 2.40（万元）

也就是说，在上一年度职工薪酬支出的基础上，编制本年度人力资源成本预算，目标金额应为25.65万元（23.25+2.40）。

如果本年度公司人员需求没有变化，但公司为了留住人才，整体上调了每位员工的基本工资标准。如上调5%，在员工绩效工资不变的情况下，假设上年度职工薪酬支出中有15.60万元是基本工资。那么此时薪酬调整对本年度人力资源成本预算的影响如下。

预测本年度员工基本工资上涨金额 =15.60×5%=0.78（万元）

也就是说，在上一年度职工薪酬支出的基础上，编制本年度人力资源成本预算，目标金额应为24.03万元（23.25+0.78）。

3.2.4　编制薪酬预算前要清楚薪酬策略

薪酬策略是对薪酬管理发挥指导作用的原则，帮助企业设计和实施薪酬制度。通俗点说，薪酬策略就是企业的薪酬支付标准。

企业结合自身战略目标、文化、外部环境制定薪酬策略，一方面反映组织的战略需求；另一方面满足员工期望。

薪酬策略决定企业的薪酬结构，而薪酬结构反映企业的薪资标准，薪资标准直接作为企业编制薪酬预算的依据。所以，HR为企业编制薪酬预算前，要清晰地知道企业的薪酬策略。

1. 薪酬结构策略下的薪酬预算

薪酬结构策略主要考虑的是薪酬由哪些部分构成，各占多少比例。一般来说，薪酬结构都由基本薪酬和绩效薪酬各占一定比例构成。两者比例的大小不同，形成了两种主要的薪酬模式，如图3-5所示。

高弹性薪酬模式 ➡ 这是一种激励性很强的薪酬模式，绩效薪酬是薪酬结构的主要组成部分，而基本薪酬处于非常次要的地位，所占比例也比较低

这是一种稳定性很强的薪酬模式，基本薪酬是薪酬结构的主要组成部分，绩效薪酬处于非常次要的地位，所占比例非常低。 ⬅ 高稳定薪酬模式

图 3-5　薪酬结构策略下的薪酬模式

如果企业采用的是高弹性薪酬模式，则薪酬结构中绩效薪酬占比更大，此时如果编制薪酬预算，难度会稍大，因为绩效薪酬高低与员工绩效好坏相关，所以对员工绩效好坏的预测比较困难。此时，HR 需要根据每位员工上年度或以前年度的整体绩效水平来进行预测，从而预估其本年度的绩效薪酬，编制薪酬预算。

如果企业采用的是高稳定薪酬模式，则薪酬结构中基本薪酬占比更大，此时编制薪酬预算的难度会小很多，因为基本薪酬只要不调整，几乎都是不变的，此时只需要预算有绩效薪酬的员工工资，即可准确编制薪酬预算。

2. 薪酬组合策略下的薪酬预算

薪酬组合策略主要考量的是企业向员工支付的总薪酬有哪些形式，这些形式之间具体以什么形态进行组合。根据组合形态的不同，可以分为组合类型策略和组合比例策略。

a. 组合类型策略。企业针对不同的员工采用的策略，比如采用简单型策略，就是员工薪酬只采用单一薪酬形式，而没有其他薪酬形式；或者采用复合型策略，即对员工采用多元化的薪酬形式。

b. 组合比例策略。企业在不同员工的薪酬形式上还有侧重的薪酬策略，如销售人员实行以激励薪酬为主的策略，行政人员实行以职位薪酬为主的薪酬策略。

如果企业采用组合类型策略，则对于采用单一薪酬形式的员工，其薪酬预算比较简单；对于采用复合型策略的员工，其薪酬预算会比较困难。

如果采用组合比例策略，则不同岗位员工的薪酬预算困难程度会不同。比如实行以激励薪酬为主的销售人员，HR在编制薪酬预算时，除了要确定基本工资预算，还要确定绩效工资预算；而实行以职位薪酬为主的行政人员，HR在编制薪酬预算时，基本上不考虑绩效工资预算，直接对基本工资成本进行预算。

3.2.5 了解薪酬预算的编制方法

由于不同的企业经营情况不同，所以薪酬预算的编制也会有差异。那么HR要怎么为企业编制薪酬预算呢？下面通过一个预算报告范本来学习如何编制薪酬预算。

范例解析　公司员工工资预算报告

根据国家有关财务管理法规制度和公司章程有关规定，结合公司实际情况，编制本公司员工工资预算报告。

（一）公司员工待遇标准划分

1. 年薪制人员划分：企业的高层管理人员、影响企业盈利的业务核心人员（发展中心、研发中心、客服中心、财务中心、物流中心、监察部、综合部）正职可以实行年薪制。考虑到部门内部的协调性和配合性，对副职岗位（人力资源部中心副主任、分公司副经理、研发中心副主任、客服中心副主任、财务中心副主任、物流中心副主任、综合部副主任）也归属为年薪制，让副职和正职共同努力，做好配合和分管工作。

2. 提成类人员划分：发展中心业务员/发展助理、客服中心主管、物流中心主管全体人员。考虑到这类人员年度薪酬总额的市场竞争性、月标准工资的延续性、月标准工资和提成的比例关系，以后逐年在保证年度收入逐步增加的同时加大提成的比例，降低月标准工资的占比。这是我公司薪酬策略的一个重要方面。

3. 其他类（与效益不直接挂钩）人员划分：总经理助理、综合部全体管理人员、财务部全体人员、研发中心全体人员、人力资源部全体人员、后勤工、保安部全体人员。

（二）公司员工薪酬划分等级

1. 我公司根据九级制原则，现目前我公司实行五级制薪酬制度，对公司员工薪酬标准进行预算，公司框架由投诉部、研发部、财务部、人力资源部、市场办、招商办、发展办、企管办、物流中心、仓储中心、质检中心和客服中心共12个核心部门组成。

2. 公司五级制薪酬详细划分

（1）客服人员、物流理货员、内勤行政人员、物流配送员，为第五级员工。

（2）客服值班经理、物流网点站长、考核办经理、招聘办经理、仓储中心经理、质检中心经理、招商办经理、市场办经理、企宣办经理，为第四级员工。

（3）客服中心主任、物流中心主任、财务中心主任、发展部主任、综合部主任，为第三级员工。

（4）分公司副总经理、人力资源部主任，为第二级员工。

（5）地区分公司总经理，为第一级员工。

（三）总人员预算和工资预算

1. 针对上述级别人员，公司编制每个级别的人员预算和工资预算，大致情况如下。

（1）第五级人员，计划人数在80人左右，工资在32.00万元左右。

（2）第四级人员，计划人数在10人左右，工资在5.00万元左右。

（3）第三级人员，计划人数在6人左右，工资在6.00万元左右。

（4）第二级人员，计划人数在3人左右，工资在4.50万元左右。

（5）第一级人员，计划人数在2人左右，工资在6.00万元左右。

合计每月需发放基本工资53.50万元左右。

2. 公司福利待遇如下。

主管以上人员，每人话费补贴 100.00 ~ 200.00 元。

客服人员，每人住房补贴 100.00 元。

合计每月需发放福利共 5 700.00 元。

3. 根据绩效工资制度，合计发放绩效工资 15.00 万元。

……

从上述薪酬预算报告范本可知，HR 在为企业编制薪酬预算前，需要明确员工待遇划分标准和等级，以及员工薪酬划分等级，然后根据这些标准、等级，预算每一个级别的员工总人数和工资数额，最后统计出本企业每月需要支出的薪酬总额。

注意，上述范本展示的是一家企业大致的员工薪酬预算，具体每个部门的薪酬预算情况还要进行更详细的预算编制，这里不再详讲。

3.3 其他人力资源成本预算工作

除薪酬成本以外，企业还会发生其他与人力资源相关的成本，如招聘成本、培训支出和福利待遇等。这些人力资源成本也要在编制预算时予以考虑。

3.3.1 招聘成本也需要做预算

企业引进人才就是创造自身的人力资源，而引进人才需要付出相应的代价，这些代价我们可以笼统地称为招聘成本。

为了做好招聘成本这一人力资源成本预算工作，HR 可以根据招聘活动的开展流程进行分析编制。图 3-6 为招聘活动的基本流程。

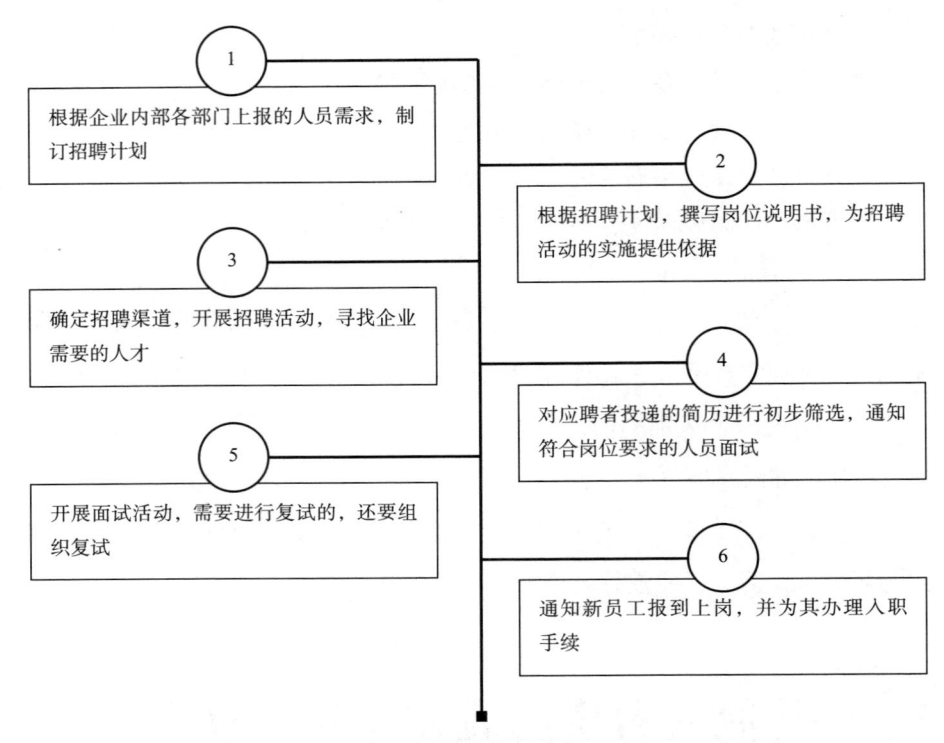

```
┌─────────────────────────┐
│ 1. 根据企业内部各部门上报的人员需求，制订招聘计划 │
│ 2. 根据招聘计划，撰写岗位说明书，为招聘活动的实施提供依据 │
│ 3. 确定招聘渠道，开展招聘活动，寻找企业需要的人才 │
│ 4. 对应聘者投递的简历进行初步筛选，通知符合岗位要求的人员面试 │
│ 5. 开展面试活动，需要进行复试的，还要组织复试 │
│ 6. 通知新员工报到上岗，并为其办理入职手续 │
└─────────────────────────┘
```

图 3-6　招聘活动的基本流程

在步骤①时，企业可能发生资料费、办公用品费；在步骤②时，可能发生资料费、办公用品费；在步骤③时，可能发生宣传费、场地租赁费和招聘平台服务费等；在步骤④时，可能发生通信费；在步骤⑤时，可能发生资料费、办公用品费和通信费等；在步骤⑥时，可能发生通信费、资料费和相关手续费等。

所以，HR 在做招聘成本预算时，需要考虑的内容就有上述这些费用开支。HR 要在财务部的协助下，统计出企业历年或以前月份的招聘费用开支明细和汇总数据，再结合本年度人员需求和招聘计划，编制出整个企业的招聘成本预算。

3.3.2 培训支出的预算也很重要

要想企业不断往好的方向发展，提升员工的职业技能和工作能力是必不可少的。而要提高员工的职业技能和工作能力，必然需要定期或不定期对员工进行相应的培训。培训开支算是人力资源开发支出，因此也算作人力资源成本。

员工培训支出是人力资源成本的一部分，那么培训支出的预算也是人力资源成本预算的内容。

为了不遗漏培训支出的预算内容，HR 仍然可以根据培训活动的相应流程进行预算。具体流程如图 3-7 所示。

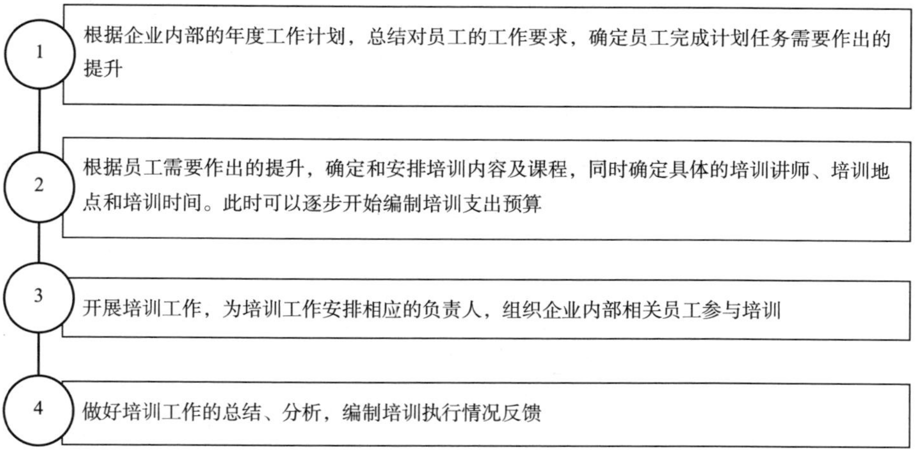

1	根据企业内部的年度工作计划，总结对员工的工作要求，确定员工完成计划任务需要作出的提升
2	根据员工需要作出的提升，确定和安排培训内容及课程，同时确定具体的培训讲师、培训地点和培训时间。此时可以逐步开始编制培训支出预算
3	开展培训工作，为培训工作安排相应的负责人，组织企业内部相关员工参与培训
4	做好培训工作的总结、分析，编制培训执行情况反馈

图 3-7　开展培训活动的流程

在步骤①时，企业可能发生资料费；在步骤②时，可能发生资料费、讲师聘用费和场地租赁费等；在步骤③时，可能发生资料费、办公用品费、临时员工工资费，注意此处还可能发生隐形的员工脱产培训成本；在步骤④时，可能发生资料费。

HR 在做培训成本预算时，需要考虑的内容就有上述这些费用开支。HR 要在财务部的协助下，结合本年度企业培训计划和需求，编制出整个企业的培训成本预算。注意，虽然员工培训时可能存在岗位空缺成本，但该成本是隐性的，且一般来说成本极小，所以预算时可不予考虑。

3.3.3 员工福利待遇的预算不能少

员工福利是企业人力资源薪酬管理体系的重要组成部分，是企业或其他组织以福利的形式提供给员工的报酬。

员工福利一般包括社会保险、住房公积金、带薪假期、高温补贴、健康体检等形式。这些福利是企业奖励给职工个人或员工小组的，必须视为全部报酬的一部分。而总报酬是企业人力资源战略决策的重要考量方面，所以福利待遇的预算也就成了人力资源成本预算的一部分。

HR 要做好员工福利待遇的预算，先要了解有哪些员工福利待遇。根据不同的划分标准，分别如图 3-8 和图 3-9 所示。

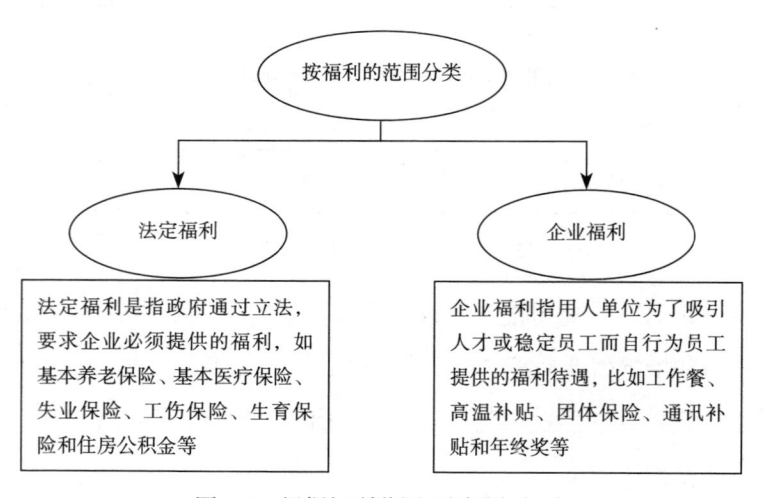

```
                    按福利的范围分类
                   ┌────────┴────────┐
                法定福利            企业福利
```

法定福利	企业福利
法定福利是指政府通过立法，要求企业必须提供的福利，如基本养老保险、基本医疗保险、失业保险、工伤保险、生育保险和住房公积金等	企业福利指用人单位为了吸引人才或稳定员工而自行为员工提供的福利待遇，比如工作餐、高温补贴、团体保险、通讯补贴和年终奖等

图 3-8 根据福利范围不同进行划分

第3章 人力资源成本的预算管理

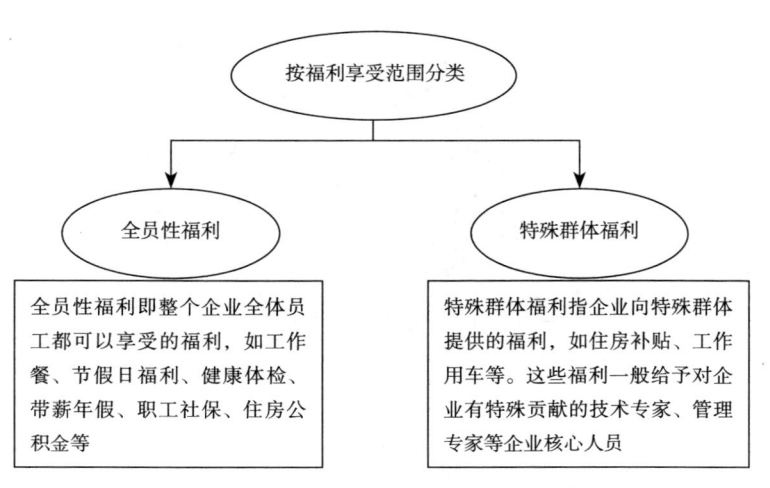

```
          按福利享受范围分类
           /            \
     全员性福利         特殊群体福利
```

全员性福利即整个企业全体员工都可以享受的福利，如工作餐、节假日福利、健康体检、带薪年假、职工社保、住房公积金等

特殊群体福利指企业向特殊群体提供的福利，如住房补贴、工作用车等。这些福利一般给予对企业有特殊贡献的技术专家、管理专家等企业核心人员

图 3-9　根据员工享受的范围进行划分

也就是说，在 HR 为企业编制人力资源成本预算时，需要将基本养老保险、基本医疗保险、失业保险、工伤保险、生育保险、住房公积金、工作餐、高温补贴、团体保险、通讯补贴、年终奖、节假日福利、健康体检、带薪年假、住房补贴、工作用车及交通补贴等都考虑在内，因为这些福利待遇也是企业管理人力资源所必须付出的，属于人力资源成本范畴。

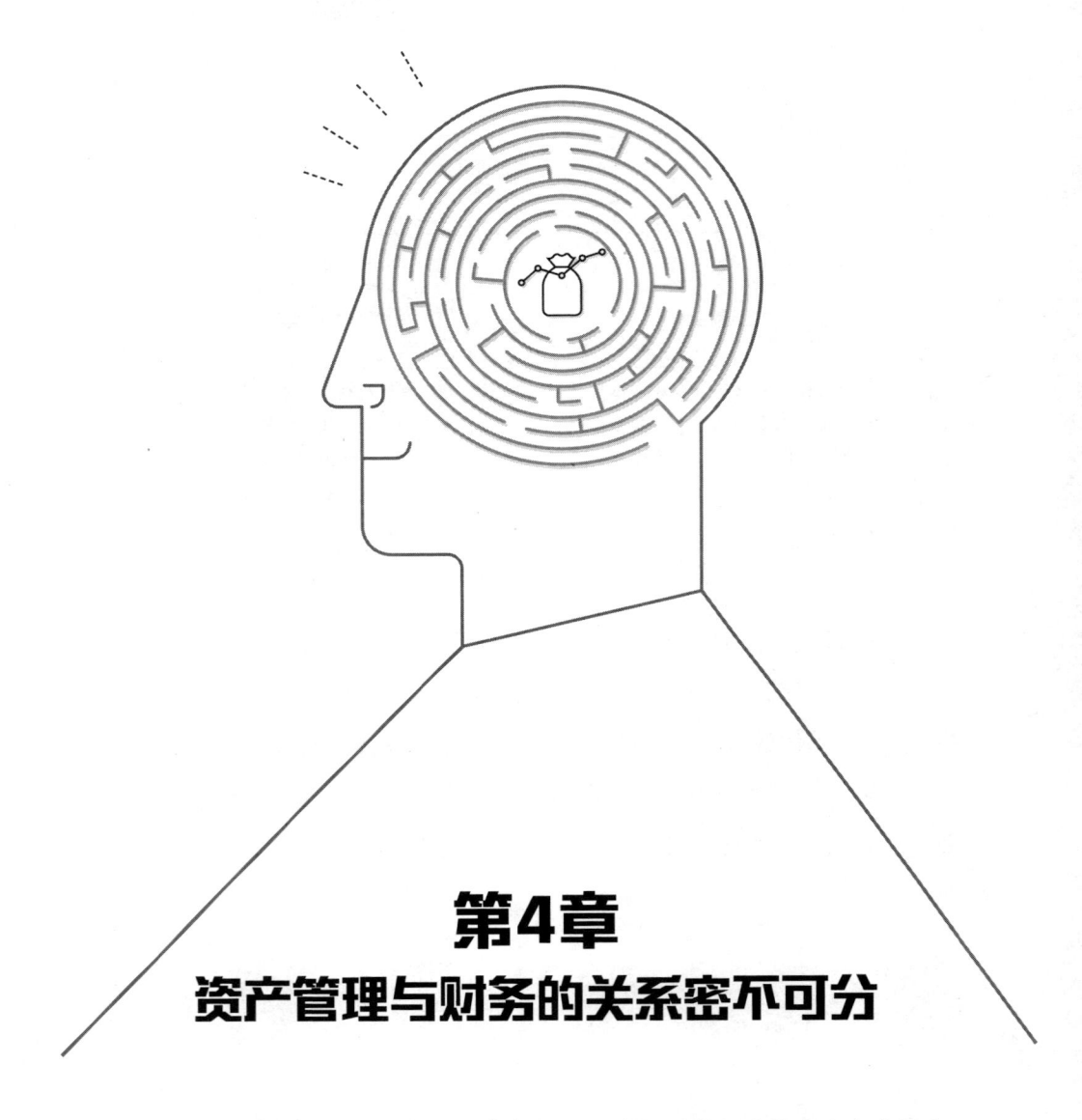

第4章
资产管理与财务的关系密不可分

　　企业的资产是经营的前提，生产部门需要有机器设备才能完成生产任务；行政管理部门需要有办公设施和设备才能协助完成经营管理工作；财务部门需要有专业的设备、软件系统才能为企业做好财务管理工作……所以，资产管理与财务管理关系密切。

4.1 人力资源部也应做好固定资产管理

从财务的角度看,固定资产是企业为生产产品、提供劳务、出租或经营管理而持有的、使用时间超过 12 个月的、价值达到一定标准的非货币性资产,包括房屋、建筑物、机器、机械、运输工具和其他与生产经营活动有关的设备、器具和工具等。固定资产是企业赖以生产经营的主要资产,所以各部门应尽职尽责管理好本部门拥有的固定资产。

4.1.1 复(打)印设备要做好日常维护

人力资源部的工作主要是为整个企业处理一些行政事务,因此使用最多的设备当属复(打)印机了。一台复(打)印机的价值通常已经达到了确定为固定资产的标准,且使用时间一般都会超过 12 个月。所以将其划归为企业的固定资产是合理的。

人力资源部的复(打)印机的使用,几乎会涉及企业的各个部门,但因为处理的都是一些行政事务,所以不好区分哪些费用属于哪个部门,因此,将复(打)印机的使用开支统一记为管理费用。

人力资源部管理好复(打)印机,使其减少故障可能性,就能降低维修费用开支,从而控制成本。那么,人力资源部和 HR 需要对复(打)印机做怎样的日常维护呢?可以从以下三个方面入手。

1. 保持复(打)印机的理想运作环境

复(打)印机是精密机器,对运作环境的要求相对比较严格,主要有以下的六个方面。

a. 理想的温度。复(打)印机的正常工作温度通常在 10℃ ~ 35℃,避免在暴晒、高温、高湿、低温、靠近火源的场所使用。

b. 适合的湿度。复(打)印机运作环境的适宜湿度范围为 20% ~ 80%。

c. 合适的纸张。要选用性能及加工良好的纸张。好的纸张纸面平滑、规格统一，对光照时纸浆均匀；燃烧后纸灰为白色。好的纸张使用时不易出现卡纸、卷纸、走双页和不走纸的情况，不会产生或少产生有害气体。

d. 清洁的环境。灰尘会引起电路绝缘不好，从而影响进纸和打印质量，所以需要保持好的清洁环境。

e. 要有良好的接地措施。最好使用单相三线的电源线，因为静电也会造成卡纸，使打印质量不好。

f. 稳定的电源电压。复（打）印机连接的电源，其电压波动范围应在190V～230V。

> **知识扩展** 纸张的酸碱性与劣质纸张的特点
>
> 纸张根据酸碱性一般分为中性纸和酸性纸：中性纸是由全木浆或大部分木浆和少量草浆或芦苇浆等制成；酸性纸则由草浆为主要原料。
>
> 劣质纸张存在诸多问题：从外观上看，这类纸张，纸面粗糙，对光照时纸浆疏密不均，燃烧后纸灰为黑色或其他色。在使用过程中，劣质纸张性能不稳定，所以容易出现卡纸、卷纸、走双页和不走纸等情况。而且酸性较强的劣质纸，加热后易产生有害酸性气体，纸屑多，易污染设备。再加上纸边不平整，容易划伤复（打）印机的感光鼓，增加设备维修费用。

2. 正确的使用操作

正确使用及操作复（打）印机是保障设备工作效率和寿命的有效措施，HR必须牢记，表4-1所示的是一些正确使用操作。

表4-1 复（打）印机的正确使用操作

条　目	正确操作
1	使用前，仔细阅读复（打）印机的操作手册，了解所用机型的使用方法

续上表

条目	正确操作
2	正常开关机时，先检查电源线和打印电缆之间的连接。开机时，先开复（打）印机电源，再开电脑电源；关机时，先关电脑电源，再关复（打）印机电源
3	不要对复（打）印机频繁开关机，开关机的间隔时间不要少于30秒
4	不要在复（打）印机带电时手动进纸或退纸，打印时也不要手动调节纸的行距，避免造成走纸电机不转动、电机控制驱动电路等方面的故障
5	处理卡纸问题时，应断掉外电源，避免对复（打）印机造成不必要的损害
6	不使用复（打）印机时，关掉电源，防止缩短其使用寿命
7	定期清洁复（打）印机，清洁时需要完全断电，且清洁人员的身体不能带静电
8	使用复（打）印机应使用其原装正品的配件，保证其正常运行
9	使用原装耗材，减少机器的故障率，延长复（打）印机的使用寿命

3. 复（打）印机日常维护注意事项

复（打）印机的日常维护注意事项有很多，主要有如下所示的一些。

- ◆ 设备放置平稳，防止发生猛烈撞击；不要在设备上叠放太重的物品和杂物；远离酸碱腐蚀性物品。
- ◆ 不随便拆卸设备零件，出现故障应及时通知保修人员处理。
- ◆ 卡纸时，不要强拉硬拽，应按照机内指示轻轻取出卡纸，并检查机槽中是否有遗留碎纸片。
- ◆ 机器出现异常噪音时，应立即关机，通知专业的维修人员检修。
- ◆ 人力资源部应定期通知维修人员对机器进行全面清洁保养。

4.1.2 协助财会人员做好设备折旧管理

一名合格的HR应该要知道，企业在生产经营过程中使用的固定资产会因为损耗导致价值减少，仅余一定残值。而其原值（可简单理解为购买价格）与残值之间的差额需要在固定资产使用年限内分摊，这就是固定资产的折旧处理。

从财务的角度，固定资产的折旧额会涉及账务处理，且各部门固定资产的折旧所计入的会计科目是不同的，因此，HR 要和人力资源部一起协助本企业财务人员做好固定资产的折旧管理。

在会计处理上，人力资源部属于企业的行政管理部门，其使用的固定资产发生的折旧应计入"管理费用"会计科目进行核算。

那么，在确定固定资产折旧时，需要的因素如图 4-1 所示。

原价
原价包括固定资产的购买价款、相关税费（不包括可以抵扣的增值税进项税额）及直接归属于使该资产达到预定用途发生的其他支出

使用寿命
使用寿命是固定资产的预计寿命，或是该固定资产所能生产产品或提供劳务的数量

预计净残值
预计净残值是假定固定资产预计使用寿命届满并处于使用寿命终了时的剩余价值

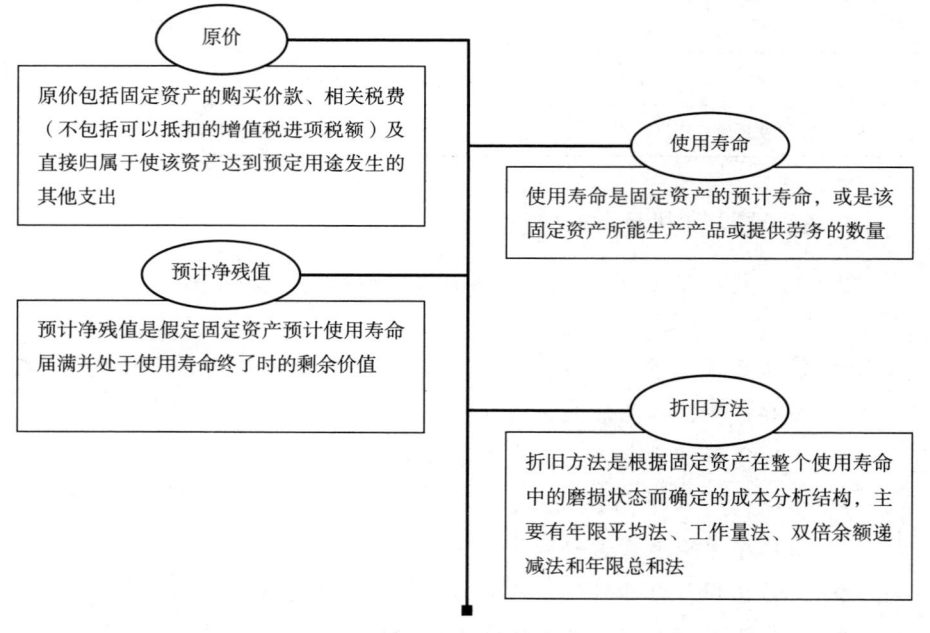

折旧方法
折旧方法是根据固定资产在整个使用寿命中的磨损状态而确定的成本分析结构，主要有年限平均法、工作量法、双倍余额递减法和年限总和法

图 4-1 确定固定资产折旧需要考量的因素

在确定固定资产使用寿命时，税务主管部门对不同类型的固定资产规定了最低折旧年限，具体内容如下。

◆ 房屋、建筑物，为 20 年。

- ◆ 飞机、火车、轮船、机器、机械和其他生产设备，为 10 年。
- ◆ 与生产经营活动有关的器具、工具、家具等，为 5 年。
- ◆ 电子设备，3 年。

关于固定资产的折旧方法，HR 也需要有一定的了解。相关说明和使用的计算公式见表 4-2。

表 4-2　固定资产的折旧方法与计算公式

折旧方法	说明和计算公式
年限平均法	将固定资产的应计折旧额均衡地分摊到固定资产预计使用寿命内。采用这种方法计算的每期折旧额相等 年折旧率 =（1- 预计净残值率）÷ 预计使用寿命（年）×100% 月折旧率 = 年折旧率 ÷12 月折旧额 = 固定资产原价 × 月折旧率
工作量法	根据实际工作量计算每期应计提折旧额。每期计提的折旧额大小与当期固定资产的工作量相关 单位工作量折旧额 = 固定资产原价 ×（1- 预计净残值率）÷ 预计总工作量 某项固定资产月折旧额 = 该项固定资产当月工作量 × 单位工作量折旧额
双倍余额递减法	在不考虑固定资产预计净残值的情况下，根据每期期初固定资产原价减去累计折旧后的余额（即固定资产净值）和双倍的直线折旧率计算固定资产折旧 年折旧率 =2÷ 预计使用寿命（年）×100% 月折旧率 = 年折旧率 ÷12 月折旧额 = 固定资产净值 × 月折旧率 最后两年平均每年折旧额 =（固定资产净值 - 预计净残值）÷2
年限总和法	用固定资产的原价减去预计净残值后的净额，乘以各年年初固定资产尚可使用的年限做分子、以预计使用年限逐年数字之和做分母的一种逐年递减的方法来计算每年折旧额 年折旧率 = 尚可使用年限 ÷ 预计使用年限的年数总和 ×100%
年限总和法	预计使用年限的年数总和 =$n \times (n+1) \div 2$（"n" 代表年限） 月折旧率 = 年折旧率 ÷12 月折旧额 =（固定资产原价 - 预计净残值）× 月折旧率

下面通过一个具体的案例，来学习这几种折旧方法的处理，以及人力资源部固定资产折旧的会计处理。

范例解析 人力资源部固定资产的折旧处理

2024年9月，某公司人力资源部购入一套沙发，用于平时接待来宾。已知这套沙发的入账原价为2 600.00元，预计使用年限为5年，预计净残值为200.00元。假设公司按照年限平均法对该套沙发计提折旧，那么每年折旧额、每月折旧额是多少？每月计提折旧额的会计处理是怎样的？

年折旧额 =（2 600.00-200.00）÷5=480.00（元）

月折旧额 =480.00÷12=40.00（元）

人力资源部的固定资产折旧应计入管理费用，按月计提时编制如下会计分录。

借：管理费用——折旧　　　　　　　　　　　　40.00
　　贷：累计折旧　　　　　　　　　　　　　　40.00

因为沙发不适合采用工作量法计提折旧，这里省略工作量法的介绍。

如果公司对该套沙发采取双倍余额递减法计提折旧，此时各年折旧额和月折旧额又是多少？

年折旧率 =2÷5×100%=40%

第1年（2024.10～2025.9）折旧额 =2 600.00×40%=1 040.00（元）

第2年（2025.10～2026.9）折旧额 =（2 600.00-1 040.00）×40%=624.00（元）

第3年（2026.10～2027.9）折旧额 =（2 600.00-1 040.00-624.00）×40%=374.40（元）

第4年（2027.10～2028.9）折旧额 =（2 600.00-1 040.00-624.00-374.40-200.00）÷2=180.80（元）

第5年（2028.10～2029.9）折旧额 =180.80（元）

第1年每月折旧额 =1 040.00÷12=86.67（元）

会计分录如下。

借：管理费用——折旧　　　　　　　　　　　　86.67

贷：累计折旧　　　　　　　　　　　　　　　　　　　　86.67

第 2 年每月折旧额 =624.00÷12=52.00（元）

第 3 年每月折旧额 =374.40÷12=31.20（元）

第 4 年和第 5 年每月折旧额 =180.80÷12=15.07（元）

如果公司对该套沙发采取年限总和法计提折旧，此时各年折旧额和月折旧额又是多少？

预计使用年限的年数总和 =5×（5+1）÷2=15

第 1 年折旧率 =5÷15×100%=33.33%

第 1 年折旧额 =（2 600.00-200.00）×33.33%=799.92（元）

第 1 年每月折旧额 =799.92÷12=66.66（元）

会计分录如下。

借：管理费用——折旧　　　　　　　　　　　　　　66.66

　　贷：累计折旧　　　　　　　　　　　　　　　　　　66.66

第 2 年折旧率 =4÷15×100%=26.67%

第 2 年折旧额 =（2 600.00-200.00）×26.67%=640.08（元）

第 2 年每月折旧额 =640.08÷12=53.34（元）

第 3 年折旧率 =3÷15×100%=20%

第 3 年折旧额 =（2 600.00-200.00）×20%=480.00（元）

第 3 年每月折旧额 =480.00÷12=40.00（元）

第 4 年折旧率 =2÷15×100%=13.33%

第 4 年折旧额 =（2 600.00-200.00）×13.33%=319.92（元）

第 4 年每月折旧额 =319.92÷12=26.66（元）

第 5 年折旧率 =1÷15×100%=6.67%

第 5 年折旧额 =（2 600.00-200.00）×6.67%=160.08（元）

第 5 年每月折旧额 =160.08÷12=13.34（元）

从案例计算结果可知，采用不同的方法对固定资产计提折旧，每年、每月的折旧额是不同的，这一点 HR 应了解。

4.1.3 要做好固定资产评估

固定资产评估是指对规定资产进行评估，它是一项比较复杂的工作，不同的固定资产之间差异较大，影响因素也多，技术性强。

HR 在负责对本部门的固定资产进行评估时，可按照图 4-2 所示的流程执行。

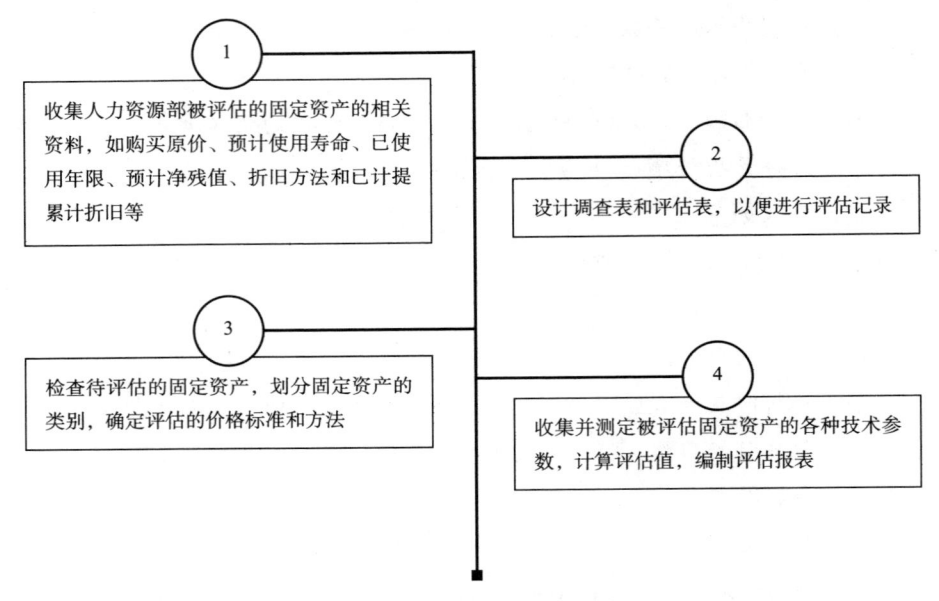

1. 收集人力资源部被评估的固定资产的相关资料，如购买原价、预计使用寿命、已使用年限、预计净残值、折旧方法和已计提累计折旧等

2. 设计调查表和评估表，以便进行评估记录

3. 检查待评估的固定资产，划分固定资产的类别，确定评估的价格标准和方法

4. 收集并测定被评估固定资产的各种技术参数，计算评估值，编制评估报表

图 4-2　固定资产评估流程

由于人力资源部使用的设备、设施等固定资产无法用于独立经营并获取收益，因此，常用重置成本法进行评估。但如果该机器、设备有二手交易市场或有较多的交易实例，也可以采用现行市价法进行评估。如果所用的机器、设备是进口的，且在国内能找到其替代品，则应参考该替代品在评估基准日的市场价格进行评估。

人力资源部使用的设备、设施通常是外购获得，因此在评估时需要考虑以下重置价格的构成项目。

- 设备自身的购置价格、运输费、安装调试费。
- 进口设备的关税。
- 大型的设备、设施在一定期限内的资金成本和其他合理费用,如手续费、验车费等。

注意,如果固定资产因功能性或实体性原因,需要报废的,其评估价值为零。

4.1.4 协助处理固定资产清查工作

固定资产清查是对固定资产实物进行清点盘查,是保证企业固定资产核算真实性、实物安全性和完整性,以及挖掘现有固定资产潜力的一个重要方法。

HR要知道,企业的固定资产清查应每年至少一次,主要流程有三步。

第一步,由财务部门将总分类账的"固定资产"账户余额与固定资产登记账簿或固定资产明细分类账及固定资产卡片的原始价值合计并认真核对是否相符。

第二步,由固定资产管理部门、使用单位和财会部门共同进行实物盘点,将固定资产的实有数与账面数进行核对。

第三步,按照管理权限上报固定资产清查的有关情况,并根据批复进行账务处理。

在第二个步骤中,人力资源部需要协助财务部门做好固定资产的实物盘点与账实核对工作。

在实际清查过程中,清查的具体内容如图4-3所示。

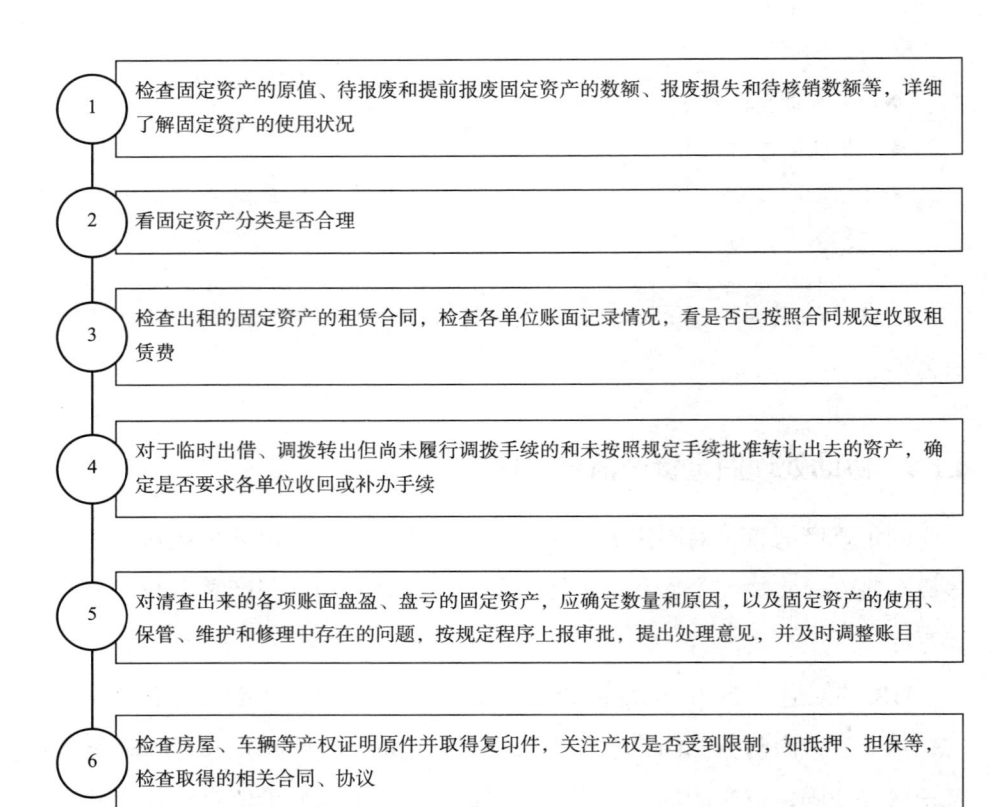

1. 检查固定资产的原值、待报废和提前报废固定资产的数额、报废损失和待核销数额等，详细了解固定资产的使用状况

2. 看固定资产分类是否合理

3. 检查出租的固定资产的租赁合同，检查各单位账面记录情况，看是否已按照合同规定收取租赁费

4. 对于临时出借、调拨转出但尚未履行调拨手续的和未按照规定手续批准转让出去的资产，确定是否要求各单位收回或补办手续

5. 对清查出来的各项账面盘盈、盘亏的固定资产，应确定数量和原因，以及固定资产的使用、保管、维护和修理中存在的问题，按规定程序上报审批，提出处理意见，并及时调整账目

6. 检查房屋、车辆等产权证明原件并取得复印件，关注产权是否受到限制，如抵押、担保等，检查取得的相关合同、协议

图 4-3　固定资产清查的内容

一般来说，企业组织实施固定资产清查工作，需要组建固定资产清查小组，同时还要编制固定资产清查计划，这些工作实际上由企业的财务部门完成，而人力资源部要做的，就是协助财务部门人员和固定资产清查小组，做好本部门内固定资产的实物盘点与记录，然后将统计汇总的固定资产盘点信息提交给财务部门或固定资产清查小组相关负责人。

4.2 小物件等流动资产也要仔细管理

人力资源部日常办公使用到的笔、订书机、计算器、稿纸等办公用品，以及削笔刀、橡皮擦、螺丝刀、插线板、剪刀、抹布等低值易耗品，也属于企业的流动资产，会统一通过"周转材料"科目进行会计核算。可想而知，这些小物件的使用和管理也会涉及财务处理，因此，也需要人力资源部协助管理。

4.2.1 按照规定程序借用企业备用金

备用金也属于企业的流动资产范畴，一般通过"其他应收款——备用金"科目进行核算。

备用金是企业拨付给企业内部用款单位或职工个人，作为零星开支的备用款项，根据需要可以采用一次性备用金或定额备用金制度。它通常用于企业的零星采购、零星开支及工作人员的差旅费。

备用金应指定专人负责管理，按照规定用途使用，不得转借给他人或挪作他用。这些都需要HR牢记，以防申请备用金后出现使用不当的情况。

如果人力资源部或HR个人需要向企业借支备用金，应办理如下手续。

a. 填制借款单。人力资源部或借款的HR填制"备用金借款单"，等待财务部门核定其零星开支。

b. 等待财务部门审核。借款人需耐心等待财务部门核定具体的零星开支，确定备用金的用途。

c. 收取申请的备用金。财务部门负责备用金管理的人员（出纳员）凭借审核通过的"备用金借款单"，向借款人支给现金。

d. 提交正式发票，冲销借款或补充备用金。借款人借支备用金后，应将备用金在使用过程中取得的正式发票定期送到财务部门出纳员处,冲销借支款或补充备用金。

除此以外,HR 还应该了解备用金管理方面的工作内容和注意事项,如图 4-4 所示。

1. 备用金的收支,应设置"备用金"账户进行核算,并编制"备用金收、支日报表"送总经理审查

2. 定期根据取得的发票,编制备用金支出一览表,及时反映备用金的支出情况

3. 备用金账户应做到逐月结清

4. 企业内部各部门零星备用金一般不得超过规定数额;若遇到特殊需求,应由各部门的部门经理核准,总经理审查通过后予以借支

5. 出纳需要妥善保管各种与备用金相关的票据,以备日后查账

图 4-4 备用金管理的工作内容和注意事项

无论备用金的管理采用哪种办法,都应严格遵守备用金预借、使用和报销的手续制度,具体包括批准制度、定额管理制度、日常管理责任制度、清查盘点制度和审查入账制度。下面就来简单了解这些制度,见表 4-3。

表 4-3 备用金管理相关制度

制度	简述
批准制度	该制度主要明确对哪些部门、哪些业务实施备用金管理
定额管理制度	通过该制度,针对经批准使用备用金的部门,根据实际需要事先核定一个科学、合理的备用金定额
日常管理责任制度	该制度主要规定使用部门必须对备用金指定专人管理,并明确管理人员必须执行的现金管理制度、按规定的使用范围和开支权限使用备用金、接受财务部门的管理和定期报账等各项责任

续上表

制　度	简　述
清查盘点制度	该制度规定财务部门必须对备用金执行定期与不定期相结合的清查盘点方式，防止挪用或滥用备用金，保证备用金的安全与完整
审查入账制度	该制度用来规定财务部门必须如同审核其他原始凭证一样，对备用金使用部门报销的所有票据进行严格的审核，审核通过后才能付款记账

知识扩展 备用金的定额与非定额管理

备用金定额管理是指按用款部门的实际需求，核定备用金定额，并按定额拨付现金的管理办法。用款部门按规定的开支范围支用备用金后，凭借有关支出凭证向财务部门报销，财务部门审核后如数补足现金，确保备用金余额始终维持核定定额。一般对于费用开支小的备用金实行定额管理办法。

备用金非定额管理是指用款部门根据实际需要向财务部门领款的管理办法。在凭借有关支出凭证向财务部门报销时，作为减少备用金处理，直到用完为止。若需要补充备用金，再另行办理拨款和领款手续。

需要特别注意的是，备用金的经管人员发生变动时，必须办理交接手续，以明确经济责任。

下面通过一个案例来区分备用金定额管理和非定额管理的区别。

范例解析 备用金管理方式不同导致账务处理不同

2024年9月，某公司人力资源部HR元某因业务需要出差。已知该公司的备用金实行定额管理制度，因此元某出差期间自行垫付了交通费、住宿费、餐饮费，共600.00元。出差结束后回到公司，向出纳人员递交了出差期间获取的各种正式发票，并填写了"差旅费报销单"。最后经财务部门审核，总经理审查，所有款项均真实且符合报销条件，出纳人员遂凭借审查通过的差旅费报销单，向元某支付了差旅费600.00元。

此时，财务部会计人员需要根据差旅费报销单和所附的各种原始单据，编制如下会计分录。

85

借：管理费用——差旅费　　　　　　　　　　　600.00
　　贷：库存现金　　　　　　　　　　　　　　　600.00

如果该公司对备用金实行非定额管理制度，元某在出差前向公司申请备用金借款 800.00 元，并填写了"借款单"，交给财务部相关会计人员。出差结束后回到公司，同样向出纳人员递交了出差期间获取的各种正式发票，并填写了"差旅费报销单"。最后经财务部门审核，总经理审查，允许元某报销 600.00 元的差旅费，需元某退还 200.00 元的备用金借款。这种情况下，元某在填写借款单及回公司提交正式发票并填写差旅费报销单时，都需要会计人员做账。

①收到员工填写的借款单，并审核无误，出纳人员向其付款。

借：其他应收款——元某　　　　　　　　　　800.00
　　贷：库存现金　　　　　　　　　　　　　　　800.00

②收到员工递交的正式发票和填写的差旅费报销单，并收到元某退还的备用金借款 200.00 元。

借：管理费用——差旅费　　　　　　　　　　600.00
　　库存现金　　　　　　　　　　　　　　　　200.00
　　贷：其他应收款——元某　　　　　　　　　800.00

4.2.2　报销费用必须按规定流程办理

报销是指用款人将领用款项或收支账目开列清单，报请上级核销。在实务中，它包括两种类型，一是用款人先自行垫付相关项目的费用，然后凭借合法、合规的凭证向企业上级申请报销相关费用；二是用款人先向企业申请借用备用金，然后用申请到的备用金支取各项目的费用开支，最后根据合法、合规的凭证向企业申请报销，将没有用完的借款归还企业，或者将自行垫付的费用申请由企业补给。

从上一小节的内容我们已经初步知道了费用报销的大致流程，HR 也要和企业内部其他员工一样，熟知费用报销流程，规范备用金的使用。

员工费用报销的具体流程，如图 4-5 所示。

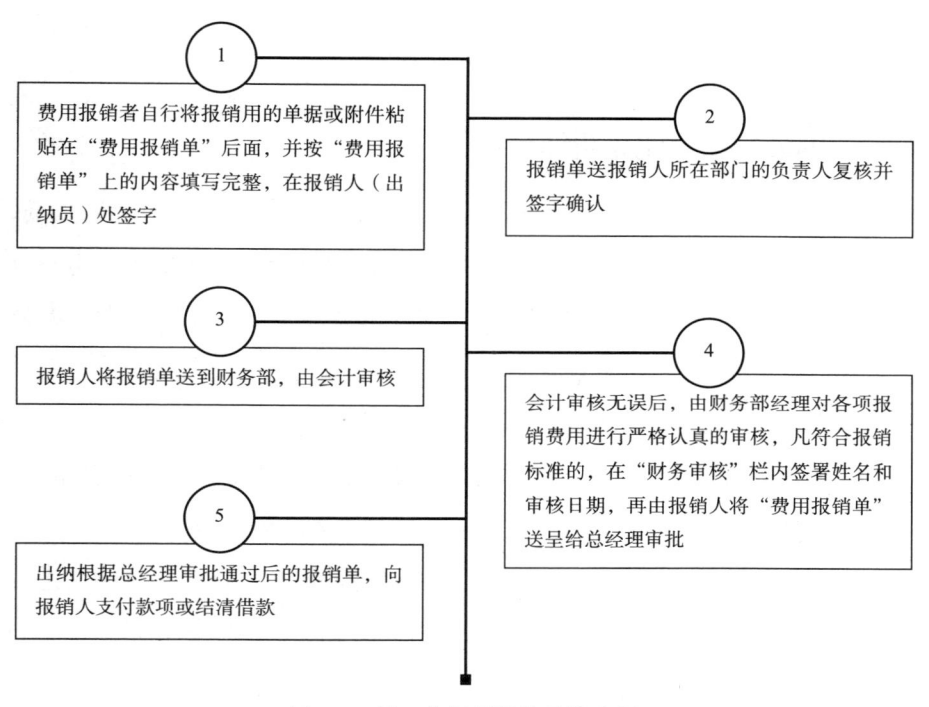

1 费用报销者自行将报销用的单据或附件粘贴在"费用报销单"后面，并按"费用报销单"上的内容填写完整，在报销人（出纳员）处签字

2 报销单送报销人所在部门的负责人复核并签字确认

3 报销人将报销单送到财务部，由会计审核

4 会计审核无误后，由财务部经理对各项报销费用进行严格认真的审核，凡符合报销标准的，在"财务审核"栏内签署姓名和审核日期，再由报销人将"费用报销单"送呈给总经理审批

5 出纳根据总经理审批通过后的报销单，向报销人支付款项或结清借款

图 4-5　员工费用报销的具体流程

HR 还要知道如何正确填制报销单，具体有以下几点注意事项。

- 费用的经办人（即报销人），原则上应在费用发生后的 5 个工作日内到财务部办理报销手续，特殊情况可另行处理。
- 报销人要将原始单据剪齐边角，正面朝上（与报销单同向）粘贴在报销单的反面左边。
- 用蓝色或黑色钢笔、签字笔如实填写报销单的各项内容，如报销时间、报销人、费用摘要和单据张数等。
- 采购类报销费用必须凭有效的请购单或采购计划表和发票到仓库办理物品验收入库手续，并将入库单、直拨单等附在报销单据的后面。

- 非采购类的行政、办公或其他费用，直接填制报销单。
- 外出发生的培训费，凭借培训协议办理报销手续。

4.2.3 办公用品要建立明细台账

企业生产管理过程中，各个部门都可能用到一些常用的办公用品，如纸、笔、计算器等。由于办公用品小且多样，因此保管起来比较费事，也不容易进行清查盘点。为了尽可能地保证企业的资产完整，我们有必要对办公用品建立明细台账。

那么，什么是台账呢？

台账原指摆放在台上供人翻阅的账簿，故名台账，但后来用来指流水账。更准确地说，台账用来记录收、发、存，或者收入、支出情况。

由于办公用品多且杂乱，建立台账能更清晰地知道办公用品的购进、领用、库存等情况。办公用品台账通常用表格记录，可以细分为办公用品采购台账、办公用品领用台账及办公用品库存台账等。而办公用品明细台账可能是记录办公用品采购、领用和库存等情况的统计台账，也可能是某一方面的明细台账。

下面就来看看常见的办公用品台账表格，见表4-4、表4-5和表4-6。

第4章 资产管理与财务的关系密不可分

表 4-4 办公用品明细台账

大类	名称	规格	使用位置	上月结存	单位	入库	出库	本月结存	备注
书写工具	圆珠笔								
	中性笔								
	签字笔								
	白板笔								
	荧光笔								
	笔芯								
纸本	笔记本								
	便签								
	复印纸								
	PVC封套								
文具	文件夹								
	笔筒								
	订书针								
	透明胶带								
	……								

89

表 4-5　办公用品领用台账

序　号	物品名称	规格型号	单　位	领用数	领用时间	领用人

表 4-6　办公用品采购台账

序　号	物品名称	数　量	单　位	采购人	单　价	合　价	日　期	备　注

4.2.4　要会编制低值易耗品盘点表

HR 要知道，站在财务的角度，低值易耗品是指单项价值在规定限额以下且使用期限不满一年，能多次使用而基本保持其实物形态的劳动资料。这里的"单项价值规定限额"通常在 10.00 元以上、2 000.00 元以下。低值易耗品虽也有实物形态，但它是不能作为固定资产的劳动资料。

由于低值易耗品可以在一定期限内反复使用，因此其入账、领用和结存情况可能会出现记录错误。为此，我们需要对低值易耗品进行定期或不定期清查盘点。但在学习如何编制低值易耗品盘点表之前，HR 需要明确低值易耗品的具体范畴，其主要可分为以下七类，如图 4-6 所示。

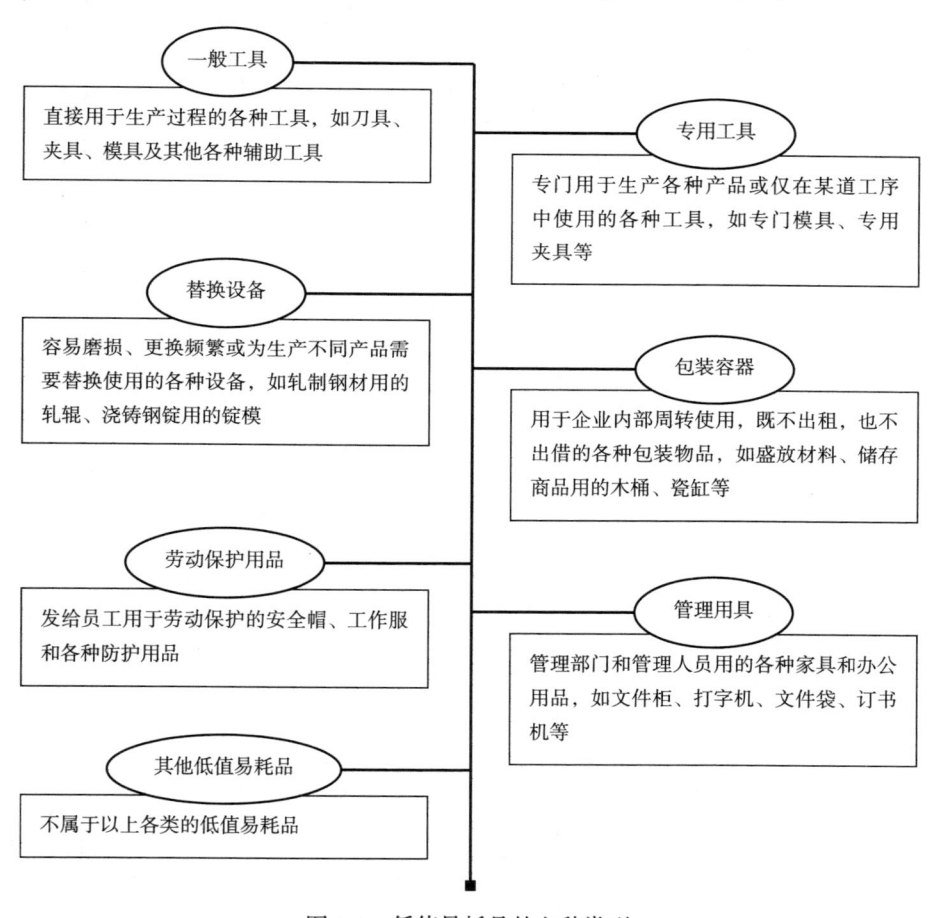

一般工具：直接用于生产过程的各种工具，如刀具、夹具、模具及其他各种辅助工具

专用工具：专门用于生产各种产品或仅在某道工序中使用的各种工具，如专门模具、专用夹具等

替换设备：容易磨损、更换频繁或为生产不同产品需要替换使用的各种设备，如轧制钢材用的轧辊、浇铸钢锭用的锭模

包装容器：用于企业内部周转使用，既不出租，也不出借的各种包装物品，如盛放材料、储存商品用的木桶、瓷缸等

劳动保护用品：发给员工用于劳动保护的安全帽、工作服和各种防护用品

管理用具：管理部门和管理人员用的各种家具和办公用品，如文件柜、打字机、文件袋、订书机等

其他低值易耗品：不属于以上各类的低值易耗品

图 4-6　低值易耗品的七种类型

HR 要配合本企业财务部门做好本部门的低值易耗品清查盘点工作，如有必要，需单独编制低值易耗品盘点表，常见模板见表 4-7。

表 4-7 低值易耗品盘点表

部门名称：
财产类别：低值易耗品
盘点地点：
存放地点：
金额单位：元

材料名称	规格型号	计量单位	账存		实存		盘盈		盘亏		备注
			数量	金额	数量	金额	数量	金额	数量	金额	

4.3 其他费用支出的管理

HR不仅要懂得管理本部门的有形资产，还应学会管理本部门的费用开支，这样才能为企业提高经营利润贡献一份力量。而对于人力资源部来说，常发生的费用开支包括水电费、办公用品费、招聘费和培训费用及员工离职产生的相关费用。除此以外，HR还应保存好自己工作范围内取得的各种票据。

4.3.1 要明白节约用水用电也能降低经营成本

企业生产经营过程中，各部门发生的水电费，通常需要计入管理费用，而管理费用在利润表中以成本费用项列示，因此水电费的消耗也会影响企业的经营成本。

而对于生产制造类企业来说，生产车间耗用的水电费比较多，且大多用于生产产品，因此发生的水电费通常会计入制造费用，随后计入产品成本。当产品卖出去以后，又会转移到营业成本中，这也会影响企业经营成本。

范例解析 公司水电费的账务处理

2024年9月，某公司发生水电费共计2 020.00元，其中归属于生产车间的共1 560.00元，人力资源部及其他部门发生的水电费统一计入管理费用，所有款项均已用银行存款支付。假设不考虑增值税，账务处理如下。

计入管理费用的水电费金额=2 020.00-1 560.00=460.00（元）

借：制造费用——水电费　　　　　　　　1 560.00
　　管理费用——水电费　　　　　　　　　460.00
　　贷：银行存款　　　　　　　　　　　2 020.00

HR要协助企业做好本部门的水电使用管理，节约用水、用电，降低经营成本。那么，怎样做可以达到节约用水、用电目的呢？具体内容如图4-7所示。

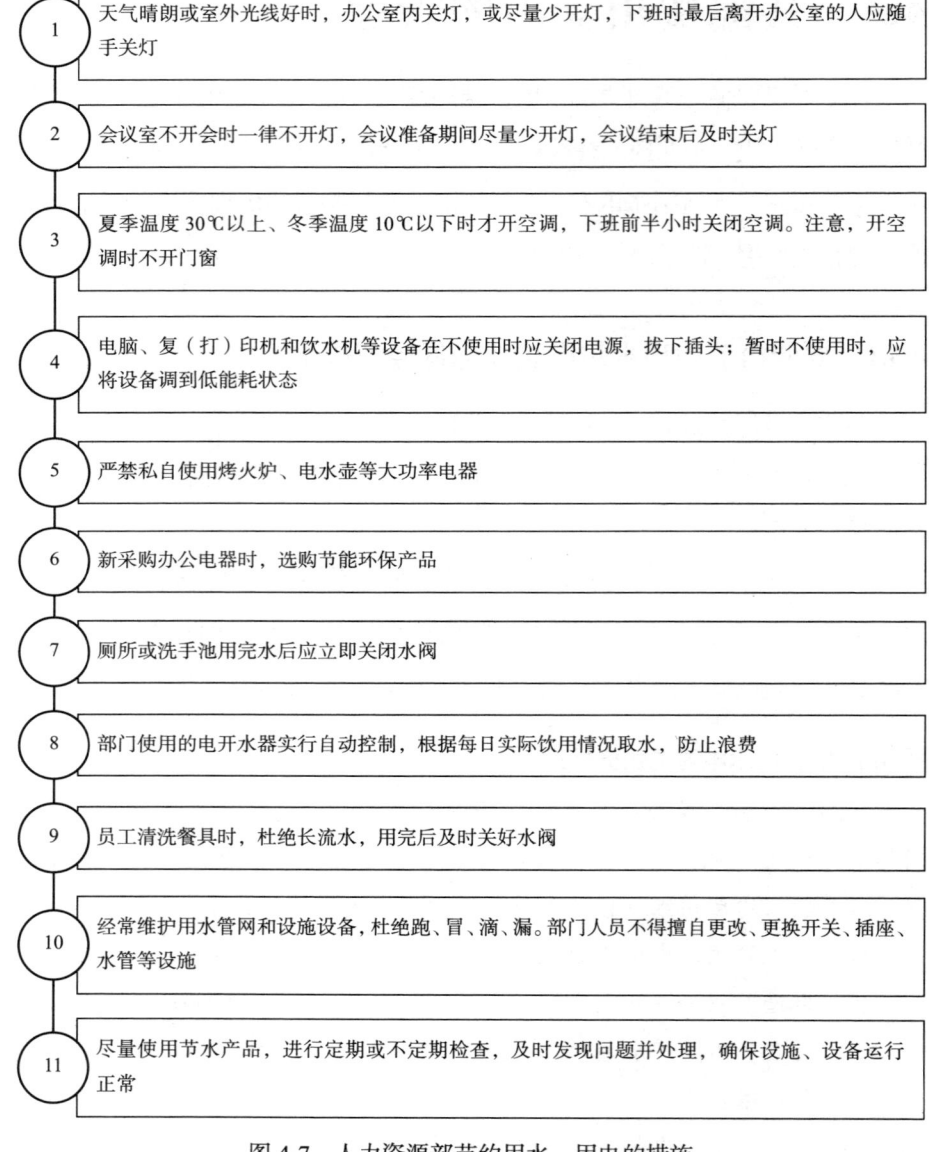

1	天气晴朗或室外光线好时，办公室内关灯，或尽量少开灯，下班时最后离开办公室的人应随手关灯
2	会议室不开会时一律不开灯，会议准备期间尽量少开灯，会议结束后及时关灯
3	夏季温度 30℃以上、冬季温度 10℃以下时才开空调，下班前半小时关闭空调。注意，开空调时不开门窗
4	电脑、复（打）印机和饮水机等设备在不使用时应关闭电源，拔下插头；暂时不使用时，应将设备调到低能耗状态
5	严禁私自使用烤火炉、电水壶等大功率电器
6	新采购办公电器时，选购节能环保产品
7	厕所或洗手池用完水后应立即关闭水阀
8	部门使用的电开水器实行自动控制，根据每日实际饮用情况取水，防止浪费
9	员工清洗餐具时，杜绝长流水，用完后及时关好水阀
10	经常维护用水管网和设施设备，杜绝跑、冒、滴、漏。部门人员不得擅自更改、更换开关、插座、水管等设施
11	尽量使用节水产品，进行定期或不定期检查，及时发现问题并处理，确保设施、设备运行正常

图 4-7 人力资源部节约用水、用电的措施

4.3.2　办公用品的采购要制订计划

对于人力资源部来说，日常管理工作中耗费最多的当属办公用品。而且通常来说，企业内部其他各部门经营所需的办公用品也都由人力资源部采购。为了减少甚至杜绝办公用品浪费，我们需要在购买前做好采购计划。

范例解析　办公用品采购计划

一、编制办公用品采购计划的目的

为了加强公司办公用品管理，控制费用开支，规范办公用品的采购与使用，特制订本计划。

二、采购原则

办公用品的采购分为日常采购和紧急采购，采用集中采购、定量供应的办法。

（1）原则上，所有办公用品的采购均由人力资源行政部有计划、有目的地进行，每月办公用品采购一次，日用品采购两次，属于日常采购。无特殊情况，不实行紧急采购。

（2）集中采购由人力资源行政部负责并管理。

（3）集中采购的办公用品，包括打印纸、打印机消耗的墨盒、文件夹、文件袋和各类笔墨等；日用品包括食品、纸杯、纸巾和马桶垫等。

（4）必需品、采购不易或耗用量大的，应酌量库存。

三、采购方式及流程

（1）实行定期计划批量采购供应。即每月30日前各部门向人力资源行政部提报下月所需用品计划，由人力资源行政部统一采购。

（2）各部门若临时急需采购办公用品，由各部门填写办公用品采购申请单，并在备注栏内填写急需采购的原因。经部门负责人审核后，方可实施采购任务。

（3）必需品采购需多方比价，择优采购；采购方式分网上采购和门店采购。

四、结算办法

人力资源行政部根据各部门报送的办公用品需求数量,进行合理性审核,并完成采购费用预算。费用预算经相关人员批准后报财务预支,采购完毕后按实际消费走报销流程冲抵借款。

附件:办公用品采购计划表

办公用品采购申请单

表 4-8 为人力资源部办公用品采购计划表。

表 4-8　人力资源部办公用品采购计划表

部门:人力资源部　　　　　　　　　　年　　月

序号	名称及规格	单位	数量	预计单价(元)	预计金额(元)	备注

人力资源部:　　　　出纳:　　　　财务部:　　　　副总/总经理:

4.3.3　辞退员工也会产生相应费用

对企业来说,员工离职可能产生的费用包括显性费用和隐性费用。显性费用是一些看得见、能可靠核算的费用,如员工离职补偿费;隐性费用是一些看不见、无法可靠计量的费用,如员工离职后的职位空缺成本。

对于员工离职,如果是主动申请离职,企业除了支付其应得的工资,几乎不会涉及其他补偿的支付,因此也就不会发生相应的费用。但如果员工是被企业辞退的，且员工无过错，此时企业除了要按规定向被辞退员工支付其应得的工资外，还需支付辞退福利。企业会计做账时，这部分支出就需要确认相关成本或费用，通常一次性计入管理费用。

范例解析 公司辞退员工需要支付辞退福利

某公司为一家家具制造企业，2024年9月，为了能在下一年度顺利实施转产，该公司管理层制订了一项辞退计划，规定从2024年9月起，企业将以职工自愿方式，辞退某个生产车间的职工，包括车间主任一名，补偿10.00万元；高级技工4名，每人补偿8.00万元；一般技工12名，每人补偿6.00万元。假设这些员工都自愿离职，且就辞退计划与公司达成一致意见，当月辞退计划经董事会正式批准，并于下月内实施完毕。那么，10月公司财会人员针对该辞退计划需要编制的会计分录如下。

①计提需要支付的辞退福利。

辞退福利的金额 =1×10.00+4×8.00+12×6.00=114.00（万元）

借：管理费用　　　　　　　　　　　　1 140 000.00
　　贷：应付职工薪酬——辞退福利　　　　　　1 140 000.00

②实际支付辞退福利。

借：应付职工薪酬——辞退福利　　　　1 140 000.00
　　贷：银行存款　　　　　　　　　　　　　　1 140 000.00

从案例展示的账务处理来看，企业发生的员工辞退福利，一方面通过"应付职工薪酬"科目核算，影响企业的人力资源成本；另一方面计入管理费用，影响企业的当期损益，从而影响当期经营利润。

为了更好地控制人力资源成本，HR要协助企业做好员工辞退工作，以科学的方法确定合理的辞退员工人数。

对于那些看不见的隐性费用，HR又该怎样做才能达到控制费用支出的目的呢？常用方法如图4-8所示。

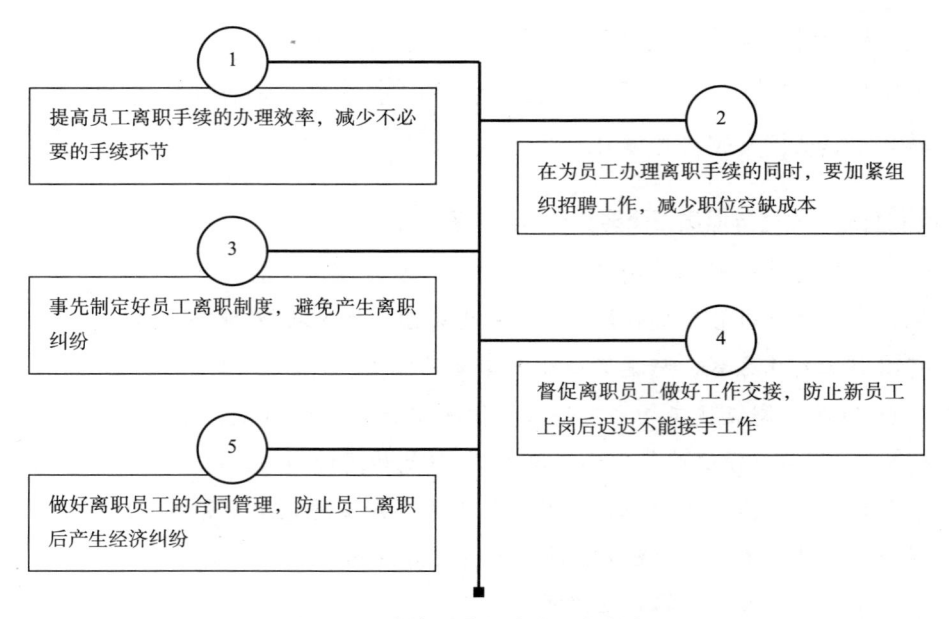

```
    1
┌─────────────────────────────┐
│ 提高员工离职手续的办理效率，减少不 │
│ 必要的手续环节                │         2
└─────────────────────────────┘    ┌─────────────────────────────┐
                                   │ 在为员工办理离职手续的同时，要加紧组 │
    3                              │ 织招聘工作，减少职位空缺成本      │
┌─────────────────────────────┐    └─────────────────────────────┘
│ 事先制定好员工离职制度，避免产生离职 │
│ 纠纷                         │         4
└─────────────────────────────┘    ┌─────────────────────────────┐
                                   │ 督促离职员工做好工作交接，防止新员工 │
    5                              │ 上岗后迟迟不能接手工作          │
┌─────────────────────────────┐    └─────────────────────────────┘
│ 做好离职员工的合同管理，防止员工离职 │
│ 后产生经济纠纷                │
└─────────────────────────────┘
```

图 4-8　人力资源隐性成本的控制方法

4.3.4　获取的各种票据应妥善保管

对于企业的人力资源部来说，无论是采购办公用品，还是交纳水电费，又或者是发生员工差旅费等，都会取得一些票据，如发票、收据等。这些票据是进行费用报销的必要凭证，HR 要妥善保管。

1. 发票及其管理

发票是指一切单位和个人在购销商品、提供或接受服务及从事其他经营活动中，所开具和收取的业务凭证，是会计核算的原始依据，也是审计机关、税务机关执法检查的重要依据。

由于发票只能证明业务发生了，不能证明款项是否收付，因此，为了保证企业的经济利益不受损害，我们需要妥善保管发票。在学习如何管理发票之前，HR 需要先了解发票包含的内容及联次。

发票内容一般包括：票头、字轨号码、联次及用途、客户名称、银行开户账号、商（产）品名称或经营项目、计量单位、数量、单价、金额和大小写金额、经手人、单位印章，及开票日期等。

联次主要包括三个基本联：记账联是销售方核算销售额和销项税额的主要凭证，是销售方的记账凭证；抵扣联是购买方计算进项税额的证明，由购买方取得该联后，按税务机关的规定，依照取得的时间顺序整理好，装订成册，送税务机关备查；发票联是购买方的记账凭证，作为付款原始凭证。如图 4-9 为纸质增值税专用发票。

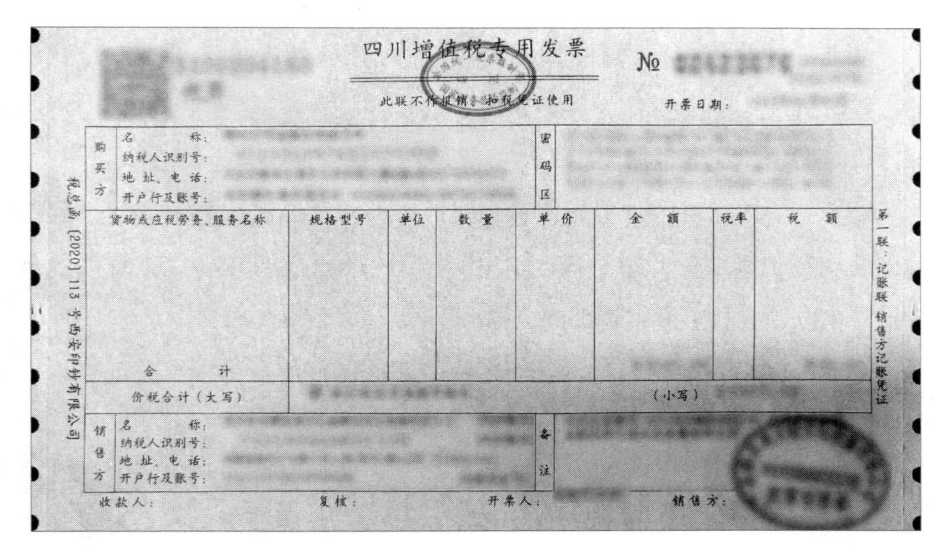

图 4-9 纸质增值税专用发票

不同的增值税发票，其票面信息可能不同，具体可以进入国家税务总局官网进行查看，这里不做详细的展示。

那么，我们该怎么做才能保管好发票呢？

◆ HR 要协助企业针对发票管理建章立制。
◆ 为本部门设置发票台账。
◆ 收到的发票要放置在保险柜中，设置发票登记簿。

- ◆ 取得的发票抵扣联应装订成册，并按规定期限做好保存。
- ◆ 未经批准，不得跨规定区域携带、邮寄和运输空白发票。
- ◆ 增值税专用发票和普通发票丢失、被盗时，应在发现当日书面报告主管税务机关，协助企业在报刊和电视等传播媒介上公告声明作废，并接受税务机关处罚。

2. 其他票据及管理

人力资源部除了在采购办公用品时收到发票，还可能因为员工出差而收到其他票据，这些票据又该如何管理呢？

从前面的报销内容来看，HR出差获得的各种票据，需要在向企业申请报销时递交给财务部门，因此，对于这类票据，不需要HR和人力资源部保管。但是，我们也需要知道财务部是怎么保管这些票据的。

a. 各类票据需由会计负责保管、发放、校验和结报工作，要建立健全票据使用登记制度。严格保管、领用和核销手续，定期检查，发现问题及时报告单位领导和上级主管部门、财政部门。

b. 专门保管票据的人员，对使用后的票据要按照会计档案管理要求，定期归档保管。

c. 财务部会计人员需要对其他部门递交的原始凭证后所附的附件进行必要的外形加工。过宽过长的附件，应进行纵向和横向的折叠，折叠后的附件外形尺寸不应长于或宽于记账凭证，同时还要便于翻阅。附件本身不必保留的部分可以裁掉，但不能因此影响原始凭证内容的完整。过窄过短的附件，不能直接装订时，应进行必要的加工后再粘贴在特制的原始凭证粘贴单上，然后再装订粘贴单。

d. 各种原始凭证不得外借，其他单位如因特殊原因而需要使用原始凭据时，要经本单位会计机构负责人、会计主管人员批准，才能进行复制。向外单位提供原始凭证附件的，应在专设的登记簿上登记，并由提供人员和收取人员共同签名或盖章。

e. 外来原始凭证如果有遗失，应取得原填制单位盖章证明，并注明原始凭证编号、金额和内容等，经本单位领导人批准后，才能作为原始凭证。如果遗失的是确实无法取得证明的火车、汽车、轮船和飞机票等，由当事人写出详细情况，由单位领导人批准后，代作为原始凭证。

f. 对于数量较多的原始凭证，会计人员可以对其进行单独装订保管，在封面上注明记账凭证日期、编号、种类，同时在记账凭证上注明"附件另订"字样、原始凭证名称和编号。

第5章
HR也要会看财务报表

　　财务报表是反映企业或预算单位一定时期资金、利润状况和资产结构的会计报表。作为企业的部门之一，人力资源部也需要了解企业的这些经营情况，从而更好地协助企业做好决策的制定与执行工作。

5.1 认识重要报表的结构和作用

HR不需要像财务人员一样深究财务报表，因此，对HR而言，认识财务报表的基础在于了解报表的基本结构和作用。

5.1.1 反映企业资本结构的资产负债表

资产负债表也称财务状况表，表示企业在一定日期（通常为各会计期末）的财务状况，即资产、负债和所有者权益的状况。

资产负债表的编制主要利用会计平衡原则，将企业的合乎会计原则的资产、负债和所有者权益等交易科目分为"资产"和"负债及所有者权益"两大区块，在报表中分列于左右两侧。在经过分录、转账、分类账、试算和调整等会计程序后，以特定日期的静态企业情况为基准，浓缩成一张报表。

这样一来，分列于资产负债表左侧的"资产"区块，又会因为资产的流动性大小不同，分为流动资产和非流动资产；分列于资产负债表右侧的"负债及所有者权益"区块，又会分为负债和所有者权益两大类，其中负债又会因为偿还期限的不同，分为流动负债和非流动负债。常见的报表项目如下。

1. 资产

流动资产指企业可以在一年或超过一年的一个营业周期内运用的资产它周转速度快，价值转换能力强。

流动资产项目：货币资金、交易性金融资产、衍生金融资产、应收票据、应收账款、预付款项、其他应收款、存货、合同资产、持有待售资产和一年内到期的非流动资产等。其中，货币资金由库存现金、银行存款和其他货币资金计算得来；存货则包括原材料、库存商品和周转材料等。

非流动资产是指企业不能在一年或超过一年的一个营业周期内耗用的资产，也可以说成是企业除流动资产以外的其他资产。

非流动资产项目：债权投资、其他债权投资、长期应收款、长期股权投资、其他权益工具投资、其他非流动金融资产、投资性房地产、固定资产、在建工程、生产性生物资产、无形资产、开发支出、长期待摊费用、递延所得税资产和其他非流动资产等。

2. 负债

流动负债是企业将在一年内或超过一年的一个营业周期内偿还的债务，理论上来说，与流动资产是密切相关的。

流动负债项目：短期借款、交易性金融负债、衍生金融负债、应付票据、应付账款、预收款项、合同负债、应付职工薪酬、应交税费、其他应付款、持有待售负债和一年内到期的非流动负债等。

非流动负债是指偿还期在一年以上或超过一年的一个正常营业周期以上的各种负债，也可以说成是除流动负债以外的其他负债。

非流动负债项目：长期借款、应付债券、租赁负债、长期应付款、预计负债、递延所得税负债和其他非流动负债等。

3. 所有者权益

所有者权益也称股东权益，是指企业资产扣除负债后，由所有者享有的剩余权益。

所有者权益项目：实收资本（或股本）、其他权益工具、资本公积、其他综合收益、盈余公积和未分配利润等。

资产负债表的结构基本相同，但执行不同金融准则、收入准则和租赁准则的企业，适用的资产负债表会有差异。下面来看适用于已执行新金融准则、新收入准则和新租赁准则的企业资产负债表，如图 5-1 所示。

第5章 HR也要会看财务报表

资产负债表

会企01表

编制单位：　　　　　　　　　　　　年　月　日　　　　　　　　　　　　单位：元

资产	期末余额	年初余额	负债和所有者权益（或股东权益）	期末余额	年初余额
流动资产：			流动负债：		
货币资金			短期借款		
交易性金融资产			交易性金融负债		
衍生金融资产			衍生金融负债		
应收票据			应付票据		
应收账款			应付账款		
应收账款融资			预收款项		
预付款项			合同负债		
其他应收款			应付职工薪酬		
存货			应交税费		
合同资产			其他应付款		
持有待售资产			持有待售负债		
一年内到期的非流动资产			一年内到期的非流动负债		
其他流动资产			其他流动负债		
流动资产合计			流动负债合计		
非流动资产：			非流动负债：		
债权投资			长期借款		
其他债权投资			应付债券		
长期应收款			其中：优先股		
长期股权投资			永续债		
其他权益工具投资			租赁负债		
其他非流动金融资产			长期应付款		
投资性房地产			预计负债		
固定资产			递延收益		
在建工程			递延所得税负债		
生产性生物资产			其他非流动负债		
油气资产			非流动负债合计		
使用权资产			负债合计		
无形资产			所有者权益（或股东权益）：		
开发支出			实收资本（或股本）		
商誉			其他权益工具		
长期待摊费用			其中：优先股		
递延所得税资产			永续债		
其他非流动资产			资本公积		
非流动资产合计			减：库存股		
			其他综合收益		
			专项储备		
			盈余公积		
			未分配利润		
			所有者权益（或股东权益）合计		
资产总计			负债和所有者权益（或股东权益）总计		

单位负责人：　　　　　　　　　财务主管：　　　　　　　　　制表人：

图5-1　适用于新金融准则、新收入准则、新租赁准则的资产负债表

105

企业的资产负债表除了有防止内部出错、明确经营方向和防止财务舞弊等功能外，还可以让报表阅读者用最短的时间了解企业的经营状况。

5.1.2 反映经营成果的利润表

利润表是反映企业在一定会计期间经营成果的财务报表。由于其反映的是企业某一期间的经营情况，因此是一张动态报表。

利润表反映的是企业的经营成果，因此可能表现为盈利，也可能表现为亏损，所以有的企业称其为损益表或收益表。

无论是什么格式的利润表，它都揭示了企业在某一特定时期实现的各种收入，发生的各种费用、成本或支出，以及企业实现的利润或发生的亏损情况。因此，利润表主要根据"收入－费用＝利润"这一会计等式来编制，其内容也取决于收入、费用、利润等会计要素及其内容，利润表项目也就是收入、费用和利润要素内容的具体体现。

当前国际上常用的利润表格式有单步式和多步式两种。

1. 单步式利润表

单步式利润表是将企业当期收入总额相加，然后将所有费用总额相加，一次性计算出当期收益的利润表。

这种格式的利润表，其特点是所提供的信息都是原始数据，便于报表阅读者理解。但正因为这样，它也存在缺点，即无法反映出企业利润的形成过程，无法帮助企业管理者更好地判断经营中哪个环节盈利少、哪个环节盈利多，也就无法指导决策者作出准确的经营决策。

虽然单步式利润表的缺点比较明显，但也不影响它在企业中的应用。图 5-2 为简化的单步式利润表的格式。

	利润表		
编制单位：	年 月 日		单位：元
项目	行次	本月数	本年累计数
一、收入			
主营业务收入			
其他业务收入			
投资收益			
营业外收入			
……			
收入合计			
二、费用			
主营业务成本			
其他业务成本			
税金及附加			
销售费用			
管理费用			
财务费用			
营业外支出			
所得税费用			
……			
费用合计			
三、净利润			

图 5-2　单步式利润表

2. 多步式利润表

我国企业常采用的是多步式利润表，它是将各种利润分多步计算，最后求得净利润的利润表。这种格式的利润表，其特点是便于报表阅读者对企业经营情况和盈利能力进行比较和分析，可以一目了然地知道企业的净利润的由来。同时也能清楚看到影响企业利润的项目，能很好地帮助管理者判断经营中哪个环节盈利少、哪个环节盈利多，从而指导决策者作出准确的经营决策。

多步式利润表通过对企业当期的收入、费用、支出项目按性质加以归类，按利润形成的主要环节列示一些中间性利润指标，如营业利润、利润总额和净利润，来分步计算企业当期净损益。

与单步式利润表一样，多步式利润表的每个项目通常又分为"本月数"和"本年累计数"两栏。"本月数"栏反映利润表各项目的本月实际发生数，如果编制的是中期财务会计报告，则该栏会填列上年同期累计实际发生数；如果编制的是年度财务会计报告，则该栏会填列上年全年累计实际发生数。"本年累计数"栏则反映利润表各项目自本年年初起至报告期末止的累计实际发生数。

多步式利润表主要通过四个步骤计算出企业当期的净利润或净亏损，如图 5-3 所示。

1. 以主营业务收入为基础，减去主营业务成本和主营业务对应的税金及附加，计算出主营业务利润

2. 以主营业务利润为基础，加上其他业务利润，减去销售费用、管理费用、财务费用、资产减值损失、信用减值损失，加（减）投资收益（损失）、资产处置收益（损失）、公允价值变动收益（损失）等，计算出营业利润

3. 以营业利润为基础，加上营业外收入，减去营业外支出，计算出利润总额

4. 以利润总额为基础，减去所得税费用，计算出净利润或净亏损

图 5-3　计算净利润或净亏损的步骤

图 5-4 为简化的多步式利润表。

利润表

编制单位：　　　　年　月　日　　　　单位：元

项目	行次	本月数	本年累计数
一、营业收入			
减：营业成本			
税金及附加			
管理费用			
销售费用			
财务费用			
其中：利息收入			
利息支出			
资产减值损失			
……			
加：投资收益			
资产处置损益（损失以"-"号填列）			
……			
二、营业利润			
加：营业外收入			
减：营业外支出			
三、利润总额			
减：所得税费用			
四、净利润			

图 5-4　多步式利润表

HR 要知道，在会计实务中，企业编制的利润表并不会在"净利润"项目就结束，还会统计出综合收益总额。图 5-5 为适用于新金融准则、新收入准则和新租赁准则的利润表模板。

利润表

会企 02 表

编制单位：　　　　　　　年　月　　　　　　　　　单位：元

项目	本期金额	上期金额
一、营业收入		
减：营业成本		
税金及附加		
销售费用		
管理费用		
研发费用		
财务费用		
其中：利息费用		
利息收入		
加：其他收益		
投资收益（损失以"-"号填列）		
其中：对联营企业和合营企业的投资收益		
以摊余成本计量的金融资产终止确认收益（损失以"-"填列）		
净敞口套期收益（损失以"-"号填列）		
公允价值变动收益（损失以"-"号填列）		
信用减值损失（损失以"-"号填列）		
资产减值损失（损失以"-"号填列）		
资产处置收益（损失以"-"号填列）		
二、营业利润（亏损以"-"号填列）		
加：营业外收入		
减：营业外支出		
三、利润总额（亏损总额以"-"号填列）		
减：所得税费用		
四、净利润（净亏损以"-"号填列）		
（一）持续经营净利润（净亏损以"-"号填列）		
（二）终止经营净利润（净亏损以"-"号填列）		
五、其他综合收益的税后净额		
（一）不能重分类进损益的其他综合收益		
1.重新计量设定受益计划变动额		
2.权益法下不能转损益的其他综合收益		
3.其他权益工具投资公允价值变动		
4.企业自身信用风险公允价值变动		
……		
（二）将重分类进损益的其他综合收益		
1.权益法下可转损益的其他综合收益		
2.其他债权投资公允价值变动		
3.金融资产重分类计入其他综合收益的金额		
4.其他债权投资信用减值准备		
5.现金流量套期储备		
6.外币财务报表折算差额		
……		
六、综合收益总额		
七、每股收益：		
（一）基本每股收益		
（二）稀释每股收益		

图 5-5　适用于新金融准则、新收入准则、新租赁准则的利润表

5.1.3 概括企业现金流量情况的现金流量表

现金流量表反映的是企业在一个固定期间（通常为每月或每季）内现金的增减变动情况，同时也反映出资产负债表中各个项目对现金流量的影响。现金流量表可用于分析一家企业在短期内有没有足够的现金应付开销。

在现金流量表中，根据现金用途划分为经营、投资和筹资三个活动分类。

1. 经营活动产生的现金流量

经营活动产生的现金流量，主要反映企业销售商品、提供劳务、购买商品、接受劳务、支付员工工资及缴纳税费等经济活动产生的现金流量情况。根据现金的流动方向，又分为经营活动现金流入和经营活动现金流出，然后算出经营活动产生的现金流量净额。将企业本期经营活动产生的现金流量净额与上期比较，增长率越大，说明企业成长性越好。

2. 投资活动产生的现金流量

投资活动产生的现金流量，主要反映企业与进行投资和收回投资相关业务产生的现金流量情况。同样，根据现金流动方向，又分为投资活动现金流入和投资活动现金流出，然后算出投资活动产生的现金流量净额。HR要注意，在分析投资活动现金流量时，不能简单地以现金净流入还是净流出来判断投资活动的优劣，我们还需要结合企业的投资项目进行具体分析。比如，企业当期只对外进行了投资，没有对外收回投资，那么投资活动产生的流量净额就很可能为负数，这是正常的。

3. 筹资活动产生的现金流量

筹资活动产生的现金流量，主要反映企业与筹资活动有关业务的现金流量情况，如吸收投资、取得借款、偿还债务利息和本金及分配股利或利润等。一般来说，企业筹资活动产生的现金净流量越大，面临的偿债压力也越大，但如果现金净流入主要来自企业吸收的权益性资本，则不仅不会面临偿债压力，资金实力反而增强。所以，分析企业筹资活动产生的现金流量时，一定要考量权益性资本与债权性资本的占比关系。

图5-6为适用于新金融准则、新收入准则和新租赁准则的现金流量表模板。

现金流量表

编制单位：　　　　　　　　　　年　月　　　　　　　　　　会企03表
单位：元

项目	本月金额	本年累计金额
一、经营活动产生的现金流量：		
销售商品、提供劳务收到的现金		
收到的税费返还		
收到其他与经营活动有关的现金		
经营活动现金流入小计		
购买商品、接受劳务支付的现金		
支付给职工以及为职工支付的现金		
支付的各项税费		
支付其他与经营活动有关的现金		
经营活动现金流出小计		
经营活动产生的现金流量净额		
二、投资活动产生的现金流量：		
收回投资收到的现金		
取得投资收益收到的现金		
处置固定资产、无形资产和其他长期资产收回的现金净额		
处置子公司及其他营业单位收到的现金净额		
收到其他与投资活动有关的现金		
投资活动现金流入小计		
购建固定资产、无形资产和其他长期资产支付的现金		
投资支付的现金		
取得子公司及其他营业单位支付的现金净额		
支付其他与投资活动有关的现金		
投资活动现金流出小计		
投资活动产生的现金流量净额		
三、筹资活动产生的现金流量：		
吸收投资收到的现金		
取得借款收到的现金		
收到其他与筹资活动有关的现金		
筹资活动现金流入小计		
偿还债务支付的现金		
分配股利、利润或偿付利息支付的现金		
支付其他与筹资活动有关的现金		
筹资活动现金流出小计		
筹资活动产生的现金流量净额		
四、汇率变动对现金及现金等价物的影响		
五、现金及现金等价物净增加额		
加：期初现金及现金等价物余额		
六、期末现金及现金等价物余额		

单位负责人：　　　　　　财务主管：　　　　　　制表人：

图5-6　适用于新金融准则、新收入准则、新租赁准则的现金流量表

5.1.4 体现权益变动情况的所有者权益变动表

所有者权益变动表是反映企业当期（年度或中期）内至期末所有者权益变动情况的报表。

在2007年以前，企业所有者权益变动情况是以资产负债表附表形式体现的，但新准则颁布后，所有者权益变动形成单独的报表。

在所有者权益变动表中，企业应单独列示反映下列信息。

- ◆ 所有者权益总量的增减变动。
- ◆ 所有者权益增减变动的重要结构性信息。
- ◆ 直接计入所有者权益的利得和损失。

所有者权益变动表是一张纵横交错编制的报表，图5-7为适用于新金融准则、新收入准则和新租赁准则的所有者权益变动表模板。

图 5-7 适用于新金融准则、新收入准则、新租赁准则的所有者权益变动表

HR需要知道的是，所有者权益变动表的各个项目均需填列"本年金额"栏和"上年金额"栏两栏。"上年金额"栏内各项数字，应根据企业上年度所有者权益变动表的"本年金额"栏内所列示数字进行填列；"本年金额"

栏内各项数字，应根据企业本年度"实收资本（或股本）"、"资本公积"、"盈余公积"、"利润分配"、"库存股"和"以前年度损益调整"等科目的发生额分析填列。

注意，如果上年度企业所有者权益变动表内的各个项目名称和内容与本年度不一致的，应按照本年度的规定对上年度的所有者权益变动表中各个项目的名称和数字进行调整，再填入本年度的所有者权益变动表的"上年金额"栏内。

关于所有者权益变动表的具体项目的填列，工作内容比较复杂，HR不需要深入了解。

5.1.5　起重要补充说明作用的报表附注

报表附注是指财务报表附注，它是企业编制的财务报告中必不可少的部分。

报表附注是财务报表编制者对资产负债表、利润表和现金流量表的有关内容和项目所作的说明和解释，其存在的目的是帮助财务报表使用者深入了解企业基本财务报表的内容。因此，附注中的内容非常重要。

通常，报表附注的内容包括但不限于以下一些。

a. 企业采用的主要会计处理方法。

b. 会计处理方法的变更情况、变更原因及对财务状况和经营业绩的影响。

c. 企业发生的非经常性项目。

d. 一些重要报表项目的具体变化情况。

e. 或有事项、期后事项及其他对理解和分析财务报表起重要作用的信息。

由于财务报表附注的内容比较灵活，不同的企业因为经营情况差异较大，所以编制的财务报告中的附表内容也会有明显的不同。这里我们只介绍报表附注的大致结构，如图 5-8 所示。

```
            ××公司××年度财务报表附注
    1. 公司简介
    ……
    2. 编制基础
    ……
    3. 遵循企业会计准则的声明
    ……
    4. 重要会计政策和会计估计
     (1) 会计年度
     ……
     (2) 营业周期
     ……
     (3) 记账本位币
     ……
     (4) 计量属性
     ……
     (5) 外币折算
     ……
    5. 税费
    ……
    6. 企业合并及合并财务报表
    ……
    7. 货币资金
    ……
    8. 应收账款
    ……
    58. 财务风险管理
    ……
    59. 关联方关系及其交易
    ……
    60. 或有事项
    ……
    61. 承诺事项
    ……
    62. 资产负债表日后事项
    ……
```

图 5-8　财务报表附注的大致结构

报表附注在对资产负债表、利润表和现金流量表各项目进行补充说明时，有些用纯文字说明，有些用表格数据展示。

报表附注的内容一般紧接着财务报表进行展示。

5.2 财务报表之间的关系与运用

HR 懂得财务报表之间的关系和运用,能更好地了解企业的经营情况,从而明确本企业在经济市场中的定位。

5.2.1 各报表自身项目之间的关系

每一张财务报表的形成,都经过了非常严谨和科学的核算,报表内项目之间也或多或少存在一定的关系。

1. 资产负债表中的关系

资产负债表中,项目之间最大的关系就是"资产＝负债＋所有者权益"。它体现为"资产总计＝负债及所有者权益(或股东权益)总计"。资产负债表中的恒等关系,主要来源于"有借必有贷,借贷必相等"的账务处理原则。

一项资产增加,可能引起另一项资产的等额增加;也可能有一项负债等额增加;或者有一项所有者权益等额增加;又或者是有一项负债和一项所有者权益同时增加,且增加的合计数等于资产增加的数额;还可以是一项负债增加、一项所有者权益减少,而两者合计是增加的,且数额与资产增加数额相等;或者是一项负债减少、一项所有者权益增加,而两者合计是增加的,且数额与资产增加数额相等。举例见表 5-1。同理,一项资产的减少,必定会引起资产、负债和所有者权益中的一项或多项发生变化。

表 5-1　资产增加引起的表内其他项目增减变动举例

资　产	负　债	所有者权益
银行存款增加 5.00 万元 固定资产增加 5.00 万元	—	—
银行存款增加 5.00 万元	短期借款增加 5.00 万元	—
银行存款增加 5.00 万元	—	实收资本增加 5.00 万元
银行存款增加 5.00 万元	短期借款增加 2.00 万元	实收资本增加 3.00 万元
银行存款增加 5.00 万元	短期借款增加 10.00 万元	实收资本减少 5.00 万元
银行存款增加 5.00 万元	短期借款减少 5.00 万元	实收资本增加 10.00 万元

一项负债增加，可能引起另一项负债的减少；也可能有一项资产等额增加；或者有一项所有者权益等额减少；又或者是一项资产增加、一项所有者权益增加，且资产增加数额等于负债增加数额与所有者权益增加数额之和；也可以是一项资产减少、一项所有者权益减少，且资产的减少数额等于所有者权益减少数额加上负债增加数额之后的总的减少数额。举例见表 5-2。同理，一项负债的减少，必定会引起资产、负债和所有者权益中一项或多项发生变化。

表 5-2　负债增加引起的表内其他项目增减变动举例

资　产	负　债	所有者权益
—	长期借款增加 50.00 万元 应付职工薪酬减少 50.00 万元	—
固定资产增加 50.00 万元	长期借款增加 50.00 万元	—
—	长期借款增加 50.00 万元	实收资本减少 50.00 万元
固定资产增加 100.00 万元	长期借款增加 50.00 万元	实收资本增加 50.00 万元
固定资产减少 50.00 万元	长期借款增加 50.00 万元	实收资本减少 100.00 万元

一项所有者权益的增加，可能引起另一项所有者权益的减少；也可能

有一项资产等额增加；或者有一项负债等额减少；又或者是一项资产增加、一项负债增加，且资产增加数额等于负债增加数额与所有者权益增加数额之和；也可能是一项资产减少、一项负债减少，且资产的减少数额等于负债的减少数额加上所有者权益增加后的总的减少数额。举例见表5-3。同理，一项所有者权益的减少，必定会引起资产、负债和所有者权益中一项或多项发生变化。

表 5-3　所有者权益增加引起的表内其他项目增减变动举例

资　产	负　债	所有者权益
—	—	盈余公积增加 10.00 万元 未分配利润减少 10.00 万元
应收账款增加 10.00 万元	—	盈余公积增加 10.00 万元
—	应交税费减少 10.00 万元	盈余公积增加 10.00 万元
应收账款增加 15.00 万元	应交税费增加 5.00 万元	盈余公积增加 10.00 万元
应收账款减少 10.00 万元	应交税费减少 20.00 万元	盈余公积增加 10.00 万元

注意，上述举例并不是由同一项经济业务导致的。

2. 利润表中的关系

利润表中项目之间的关系，主要是根据"收入 – 费用 = 利润"这一会计等式来列示的。比如"营业利润 = 营业收入 – 营业成本 – 税金及附加 – 销售费用 – 管理费用 – 财务费用 – 研发费用 + 投资收益（– 损失）+ 公允价值变动收益（– 损失）– 信用减值损失 – 资产减值损失 + 资产处置收益（– 损失）"。

又比如，"利润总额 = 营业利润 + 营业外收入 – 营业外成本""净利润 = 利润总额 – 所得税费用"。

在利润表项目的关系中，需要特别注意的是，管理费用中如果包含费用化的研发支出，则需要将这部分费用填列到"研发费用"项目中，而不是"管理费用"项目中。

3. 现金流量表中的关系

现金流量表中各项目之间的关系比较复杂，它需要财务人员根据收付实现制进行分析填列。

比如，"销售商品、提供劳务收到的现金"项目，填列的是企业销售商品、提供劳务的业务中直接收取的现金数额，如果企业在销售商品、提供劳务的业务中还有赊销情况，则这里的数额与主营业务收入的数额将不一致。

又比如，"偿还债务支付的现金"项目，填列的是企业偿还债务的本金数额，而企业因为债务发生的应付利息，需要填列到"分配股利、利润或偿付利息支付的现金"项目中。这就是这两个项目之前的关系。

除此以外，现金流量表中项目之间最明显的关系如下。

a. 经营活动现金流入小计 − 经营活动现金流出小计 = 经营活动产生的现金流量净额。

b. 投资活动现金流入小计 − 投资活动现金流出小计 = 投资活动产生的现金流量净额。

c. 筹资活动现金流入小计 − 筹资活动现金流出小计 = 筹资活动产生的现金流量净额。

d. 经营活动产生的现金流量净额 + 投资活动产生的现金流量净额 + 筹资活动产生的现金流量净额 + 汇率变动对现金及现金等价物的影响 = 现金及现金等价物净增加额。

e. 现金及现金等价物净增加额 + 期初现金及现金等价物余额 = 期末现金及现金等价物余额。

4. 所有者权益变动表中的关系

所有者权益变动表中各项目有着纵横关系。

先从纵向来看，"上年年末余额" + "会计政策变更"影响金额 + "前期差错更正"影响金额 + 其他影响金额 = "本年年初余额"。如果企业在上年年末到本年年初之间没有会计政策变更和前期差错更正的影响金额，一般来说，上年年末余额 = 本年年初余额。然后，本年年初余额 + 本期增减变动金额 = 本年年末余额。

再从横向来看，"本年金额"栏和"上年金额"栏内的各项目之间的关系是相同的。以"本年金额"栏为例，实收资本（或股本）+ 其他权益工具 + 资本公积 − 库存股 + 其他综合收益 + 专项储备 + 盈余公积 + 未分配利润 = 所有者权益合计。

5.2.2 各报表之间的联系

HR 要知道，企业财务报表之间的联系，不仅限于每张报表自身项目之间的关系，报表与报表之间也有钩稽关系，这称为表间关系。

1. 资产负债表与利润表之间的关系

资产负债表中"未分配利润"年末数 = 资产负债表中"未分配利润"年初数 + 利润表中"净利润"累计数。注意，这是企业在获利的情况下不计提盈余公积，也不进行分红的资产负债表项目与利润表项目之间的关系。

另外，企业资产负债表中反映的短期投资（如投资性房地产、持有待售资产等）和长期投资（如固定资产、无形资产、长期股权投资、债权投资、其他债权投资、其他权益工具投资等），可以用来复核利润表中"投资收益"的合理性。比如看是否存在资产负债表中没有的投资项目而利润表中却列示了相关的投资收益这一异常情况。

还有，根据资产负债表中"固定资产"和"累计折旧"项目的金额，复核利润表中"管理费用"项目对应的"管理费用——折旧费"科目余额的合理性。根据资产负债表中"应交税费"项目中除开增值税税额的金额，复核利润表中"税金及附加"项目金额的合理性。根据资产负债表中"应付职工薪酬"项目的金额,复核利润表中"管理费用"、"销售费用"和"主营业务成本"等项目中对应的工资明细数额的合理性。

2. 现金流量表与资产负债表、利润表之间的关系

资产负债表和利润表都是按照权责发生制原则编制的,而现金流量表是按照收付实现制编制的,但都是根据已经发生的经济业务分析填列。它们之间又有什么关系呢?HR需要进行初步的了解,见表5-4。

表5-4 现金流量表与资产负债表、利润表之间的关系

条目	关系
1	资产负债表中"货币资金"项目期末余额与期初余额的差额,应与现金流量表中"现金及现金等价物净增加额"项目有钩稽关系。通常,企业当期的"现金及现金等价物净增加额"项目所包含的内容大多与"货币资金"项目的口径一致
2	在不考虑应交税费中有关税金变动的情况下,利润表中"主营业务收入+其他业务收入"+资产负债表中"预收账款增加额-应收账款增加额-应收票据增加额",应等于现金流量表中"销售商品、提供劳务收到的现金"项目的金额
3	利润表中"主营业务成本+其他业务成本"+资产负债表中"存货增加额+预付账款增加额-应付账款增加额-应付票据增加额",应等于现金流量表中"购买商品、接受劳务支付的现金"项目的金额
4	计入资产负债表中"固定资产""无形资产"等资产项目中的借款利息支出,加上利润表中计入"财务费用"项目下"利息费用"项目的利息支出,应等于现金流量表中"分配股利、利润或偿付利息支付的现金"项目中包含的偿付利息支付的现金
5	资产负债表中"应付职工薪酬"项目期末余额与期初余额的差额,加上"其他应付款"期末余额与期初余额的差额,应等于现金流量表中"支付给职工以及为职工支付的现金"项目的金额

3. 所有者权益变动表与资产负债表、利润表之间的关系

资产负债表中的"未分配利润"项目期末余额减期初余额的差额,要结合所有者权益变动表中的分红项目,看利润表中的"净利润"项目的"本

期发生额"栏的数据。换句话说，当企业经营当期计提了盈余公积，或者向股东进行了分红，则资产负债表的"未分配利润"项目期末余额减期初余额的差额并不会等于利润表中的"净利润"项目的"本期发生额"栏的数额。

但是，资产负债表中的"盈余公积"项目期末余额减去期初余额的差额，应等于所有者权益变动表中"本年金额"栏对应的"提取盈余公积"项目的金额。

4. 所有者权益变动表与资产负债表、现金流量表之间的关系

资产负债表中的"实收资本（或股本）"项目期末余额减期初余额的差额，应等于所有者权益变动表中"本年金额"栏对应的"资本公积转增资本（或股本）"项目和"盈余公积转增资本（或股本）"项目金额之和，再减去现金流量表中"吸收投资收到的现金"项目金额后的余额。

5.3 报表与人力资源管理工作的关联

HR 需要学会看财务报表，是因为报表涉及的内容与人力资源管理工作存在关联。那么究竟是怎样的关联呢？

5.3.1 报表中的某些数据来源于人力资源管理

概括地说，人力资源管理需要向员工支付工资，或者代垫医药费，还会发生行政管理费用。接下来，将针对这些具体经济行为，深入剖析其与财务报表各项目之间的关联。

1. 向员工支付工资影响货币资金、应付职工薪酬和管理费用

财务人员在计提应发工资时，需要编制如下会计分录。

借：管理费用/销售费用/生产成本/制造费用

  贷：应付应职工薪酬——工资、奖金、津贴和补贴

      ——社会保险费

      ——住房公积金

出纳以银行存款向员工发放工资，财务人员在收到银行的付款通知后，需要根据相关凭证编制如下会计分录。

借：应付职工薪酬——工资、奖金、津贴和补贴

     ——社会保险费

     ——住房公积金

  贷：银行存款

从上述会计分录可以看出，企业计提员工应发工资和向员工发放工资，会影响资产负债表的"货币资金"和"应付职工薪酬"项目，同时还会影响利润表的"管理费用"、"销售费用"和"营业成本"等项目。由于企业向员工发放工资涉及现金流量变动，因此还会影响现金流量表中的"支付给职工以及为职工支付的现金"项目。

2. 为员工代垫医药费影响货币资金和其他应收款

企业为员工代垫医药费时，因这部分钱后期需要员工归还给企业，因此会涉及"其他应收款"科目，财务人员根据相关凭证编制如下会计分录。

借：其他应收款——××

  贷：银行存款

这样一来，该经济行为就会影响资产负债表的"货币资金"和"其他应收款"项目。

3. 人力资源部开展工作涉及的费用开支影响货币资金和管理费用

企业人力资源部开展工作，发生的费用开支通常都归类为管理费用，

涉及的会计分录如下。

借：管理费用——办公用品费/折旧费/水电费/资料费/培训费等

贷：银行存款

因此，人力资源部开展工作，发生的费用开支会影响资产负债表的"货币资金"项目和利润表的"管理费用"项目。而且，如果人力资源部在采购办公用品时收到销售方开具的增值税专用发票，还会影响资产负债表中的"应交税费"项目。

5.3.2 如何从现金流量表看人才流失与补充

从前面的内容中我们已经知道，现金流量表中"支付给职工以及为职工支付的现金"项目与人力资源管理密切相关，而其他与人力资源管理工作有关的现金流量项目还有"支付其他与经营活动有关的现金"等。

那么，怎么从现金流量表看出企业人才流失与补充情况呢？

1. 对比现金流量表前后期的"支付给职工以及为职工支付的现金"项目金额

本期现金流量表的"支付给职工以及为职工支付的现金"项目金额与上一期现金流量表的"支付给职工以及为职工支付的现金"项目金额进行比较，如果几乎没有变化，则说明企业当期没有人员流动，或者是当期新增人员应付工资与当期离职员工对应的工资数相当。

如果本期数额增加太大，要确定是应付职工薪酬变化引起的，还是其他应收款引起的，如果是应付职工薪酬引起的，则说明企业当期有人员流动情况，此时就需要HR结合本部门招聘工作和离职处理工作进行分析，看是有人才流失导致补偿金上升，还是有人才补充导致应付职工薪酬明显增加。

2. 对比现金流量表前后期的"支付其他与经营活动有关的现金"项目金额

本期现金流量表的"支付其他与经营活动有关的现金"项目金额与上一期现金流量表的"支付其他与经营活动有关的现金"项目金额进行比较，如果几乎没有变化，则说明企业的人力资源管理工作照常进行，没有发生较大的变动，这就从侧面反映出企业人才没有较大变动。

如果本期数额增加较大，就需要HR分析当期人力资源管理工作存在的明显变动，如放宽了企业为员工代垫医药费的政策。反之，如果本期数额减少明显，也需要分析当期人力资源管理工作存在的明显变动，如严格规定了企业为员工代垫医药费的政策，或者是企业有了资金困难，无法按期偿付费用开支。此时HR还要相应分析，当前企业形势是否会导致人才流失。

3. 对比现金流量表前后期的"收到其他与经营活动有关的现金"项目金额

本期现金流量表的"收到其他与经营活动有关的现金"项目金额与上一期现金流量表的"收到其他与经营活动有关的现金"项目金额进行比较，如果几乎没有变化，则说明企业当期人力资源管理工作没有发生较大变动。

如果本期数额增加较大，就需要HR分析当期人力资源管理工作存在的明显变动。如是否严格了考勤制度，导致迟到、早退和缺勤员工支付较多的经济扣款，如果是，就还要考虑当前这么严格的考勤制度会不会导致企业人才流失。

反之，如果本期数额减少明显，也需要分析当期人力资源管理工作存在的明显变动。如是否放宽了员工的考勤制度，原先常被扣款的员工也很少被扣减工资了，紧接着HR要分析，这样宽松的考勤制度是否会在无形之中增加企业的人力资源管理成本，比如员工做事拖沓、没有时间观念等。

由此可见，人力资源管理工作与企业的财务报表数据息息相关，因此，HR有必要对财务报表的相关知识进行了解。

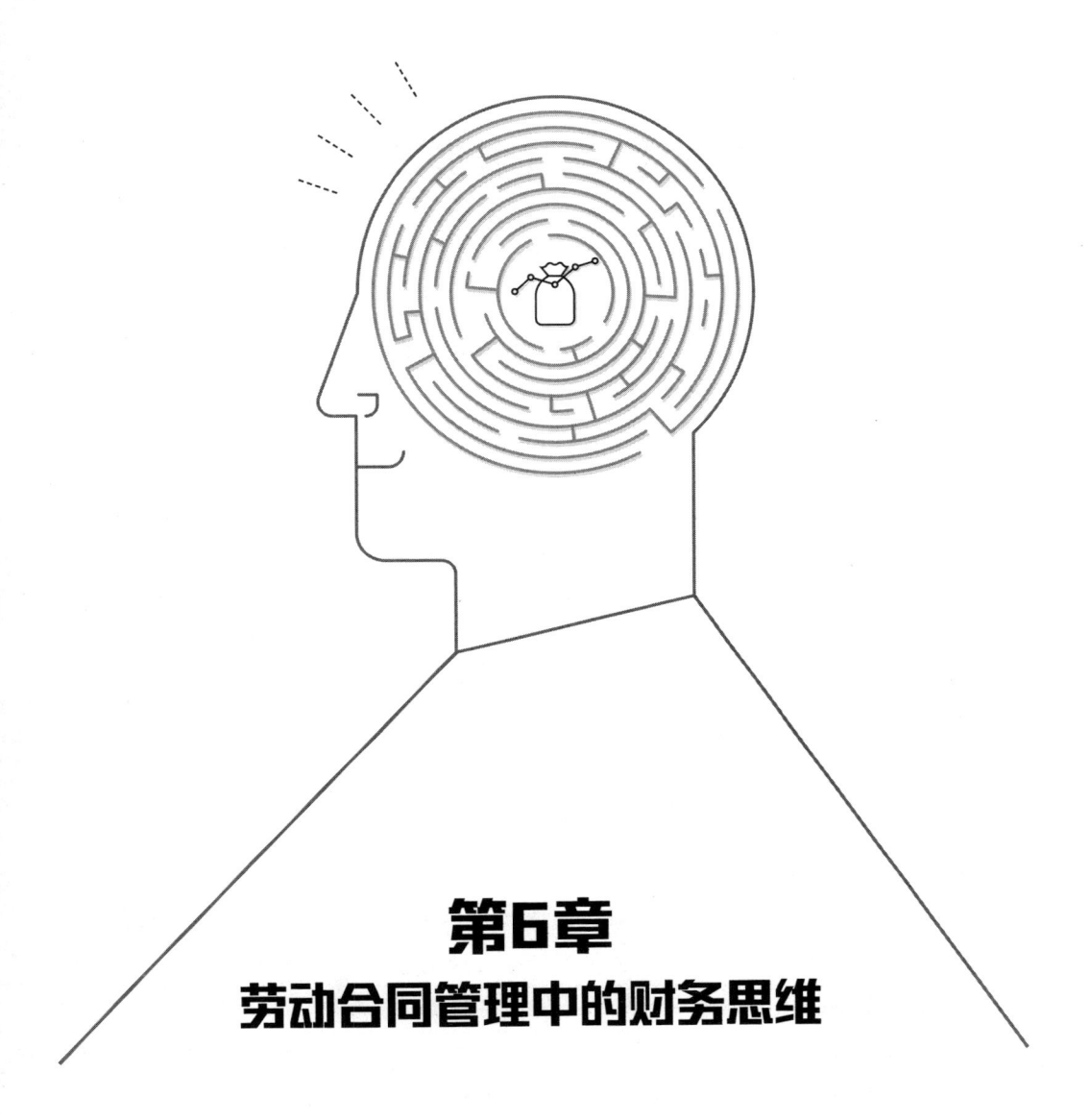

第6章
劳动合同管理中的财务思维

劳动合同管理也属于企业人力资源管理的内容，对于 HR 来说，本身就应该掌握劳动合同管理的工作技能。而劳动合同的签订与解除，直接关系到企业的薪酬管理，也就关系到财务处理，所以 HR 需要具备相关的财务思维。

6.1 劳动合同中的财务要点

企业与劳动者签订的劳动合同中,有哪些内容会涉及财务上的会计处理呢?而涉及会计处理的要点通常与员工个人的薪资利益相关,所以HR在为企业管理人力资源时,需要懂得劳动合同中的财务要点。

6.1.1 劳动合同中的薪资标准要明确

薪资标准直接关系着员工的工资水平,而企业向员工发放工资会涉及相关账务处理,再加上招聘人才时需要通过薪酬来吸引应聘者,因此,HR需要在劳动合同中明确员工的薪资标准。

下面来看某劳动合同范本中关于薪资标准的内容。

范例解析 劳动合同中的薪资标准

甲方:××公司　　　　　法定代表人或委托代理人:

乙方:　　　　　　　　　性别:

家庭住址:　　　　　　　签订日期:

一、甲、乙双方经平等协商,同意签订本劳动合同书,共同信守本合同所列条款,共同执行《××公司实行全员劳动合同制实施细则》。

二、劳动合同的期限

本合同期限为×年,自×年×月×日起,至×年×月×日止。其中试用期为×个月,自×年×月×日起,至×年×月×日止。

三、生产(工作)任务

……

四、劳动保护和劳动条件

……

五、甲方的权利和义务

……

六、乙方的权利和义务

……

七、劳动报酬

1. 甲方根据乙方所在岗位及岗位对劳动技能、工作能力的要求和乙方实际劳动贡献，按《××公司岗位结构工资实施细则》或《××公司岗位技能工资制试行办法》按月付乙方劳动报酬。

2. 甲方聘用乙方实行月薪制，每月以货币的形式支付乙方工资，月薪为人民币×元（大写：人民币×元整，大小写不一致的，以大写为准）。

3. 甲方根据企业的经济效益及乙方在生产、工作方面的贡献，给予乙方适当的物质奖励。

4. 甲方于每月×日以前以人民币形式支付乙方上月工资，如因不可抗力等特殊原因可以迟延支付，但应及时向乙方说明。

八、劳动保险和福利待遇

1. 乙方在合同期间享受国家规定的各种公休假日、补贴、劳动保险和福利待遇。

2. 乙方因工负伤或非因工负伤、患病期间的待遇，按国家有关规定执行。

3. 女职工孕期、产期和哺乳期间的待遇按国家或公司有关规定执行。

4. 患有精神分裂、癌症、瘫痪等难以治愈的疾病和因工负伤致残的职工，经指定医院确诊，由劳动鉴定委员会讨论并经职代会批准，可享受长期医疗期。

5. 乙方供养的直系亲属，按国家规定享受劳动保险待遇。

6. 甲方按月为乙方缴存本人月工资总额×%的补充养老保险金。

7. 乙方因合同期满终止合同后处于社会待业状态，或属于本合同中第五条第一款第×项及第六条第一款第×项规定的情况而解除劳动合同时，甲方按照其工作年限，每满一年发给乙方本人相当于一个月累计工资的生活补助费，最多不超过12个月的本人累计工资。

九、劳动纪律

......

甲方（盖章）：　　　　　　　乙方（签字盖章）：

假设案例中该合同签订的员工月工资为 5 000.00 元，涉及的是某企业会计人员 8 名，在计提这类员工的应发工资及实际发放工资时，需要编制的会计分录如下。

借：管理费用——工资　　　　　　　　　　　　40 000.00
　　贷：应付职工薪酬——工资、薪金、奖金和津贴　40 000.00
借：应付职工薪酬——工资、薪金、奖金和津贴　40 000.00
　　贷：银行存款　　　　　　　　　　　　　　　40 000.00

可想而知，如果劳动合同中没有约定企业向员工支付的薪资标准，由企业随意决定工资发放数额，不仅容易引发劳动争议，从财务的角度来看，也不利于企业做好财务管理工作。

6.1.2　合同中的工作时间与加班工资相关

通常，劳动合同中会向受聘者明确指出每天、每周及每月的工作时间，相应地就会有明确的加班规定，包括什么时候加班、怎么算加班费等。这些条款内容直接关乎劳动者的经济利益，如果劳动合同中没有明确约定，劳动者在工作中将难以有效主张权益，企业也难以维持人才稳定。

下面来看某劳动合同范本中关于工作时间和加班工资的条款。

范例解析　劳动合同中的工作时间安排与加班工资给付标准

第一条　劳动合同期限

......

第二条　工作内容和工作地点

......

第三条　工作时间和休息休假

（一）甲、乙双方同意按以下第 × 种方式确定乙方的工作时间。

1. 标准工时制，每日工作不超过 8 小时，每周工作不超过 40 小时。

2. 经劳动保障行政部门批准，乙方所在岗位实行不定时工作制。

3. 经劳动保障行政部门批准，乙方所在岗位实行综合计算工时工作制。

（二）甲方因生产（工作）需要延长工作时间的，按《中华人民共和国劳动法》第四十条办理。

（三）乙方在合同期内享受国家规定的各项休息休假权利。

第四条　劳动报酬

（一）甲方依法制定工资分配制度，并告知乙方。甲方支付给乙方的工资不得低于市政府公布的当年度最低工资。

（二）乙方每月基本工资为 × 元（试用期基本工资为 × 元），是计算加班工资等非基本工资劳动报酬的唯一基数，不低于当地政府最低工资标准，由公司按岗位性质决定基本工资数额，公司有权按考核结果调整岗位及相应的基本工资，每月发放；但正常工作时间工资即基本工资，不包括下列各项（下列各项不作为加班工资的计算基数）：

1. 绩效奖、年终奖以及业务提成等。

2. 无确定支付周期的劳动报酬，如一次性奖金、津贴、补贴等。

3. 各类补贴、全勤奖、津贴、奖金、工资工龄等除正常工作时间外的各种工资及福利待遇。

4. 加班费：在经过无加班工资 36 小时加班后，员工如还有通过正常程序经批准后加班的，以基本工资为基数，结合考勤上的加班时间计算平时、公休、法定节日加班费，按月发放。

5. 甲方每月 × 日发放工资。甲方至少每月以货币形式向乙方支付一次工资。

6. 乙方假期工资及特殊情况下的工资支付按有关法律、法规的规定执行。

7. 甲方因暂时经济周转困难或不可抗力，不能按照上述规定时间支付工资报酬的，应提前7天以书面形式告知乙方，并明确支付日期。因工资计算标准不明确或计算方式不当造成甲方少付乙方工资的，或乙方拒绝领取的，不属于无故拖欠或克扣工资。下列情况之一的，不属于无故克扣工资行为：

（1）甲方依法代扣代缴乙方应缴纳的个人所得税。

（2）甲方依法代扣代缴的应由乙方个人承担的各项社会保险费用。

（3）法院判决、规定中要求甲方代扣的抚养费、赡养费。

（4）法律、法规规定甲方可以从乙方工资中扣除的其他费用。

第五条 社会保险和福利待遇

……

甲方（盖章）：　　　　　　　　乙方：

法定代表人（主要负责人）：　　××年××月××日

对企业来说，员工按照规定进行了合理的加班工作，企业就需要向员工支付加班工资。而会计处理上，会把员工的加班工资也计入应付职工薪酬。

所以，如果企业在劳动合同中没有明确员工的加班工资给付条件和标准，会计人员在核算应发给员工的加班工资时就没有合理的依据，应付职工薪酬的核算也会不准确。

实际上，员工应得的加班工资，也和基本工资一样，按照工作内容和岗位性质的不同，分别计入相关成本和费用。假如2024年9月某公司财务部有5名员工在工作日发生了加班事宜，共加班15小时，加班工资为基本工资的1.5倍，日工资为200.00元，每天工作时间为8小时。那么：

5名会计人员的加班工资总额 =200.00÷8×1.5×15=562.50（元）

计提应发给这些财务人员的加班费和实际发放加班费时，分别编制如下会计分录。

借：管理费用——工资　　　　　　　　　　　　562.50
　　贷：应付职工薪酬——加班费　　　　　　　　　562.50
借：应付职工薪酬——加班费　　　　　　　　　562.50
　　贷：银行存款　　　　　　　　　　　　　　　562.50

6.1.3　劳动合同中的工作期限与经济补偿

劳动合同中的工作期限是明确用人单位和劳动者劳动关系的时间，是对用人单位接受劳务和劳动者提供劳务进行的时间约束。而在这一段时间内，即用人单位和劳动者签订的劳动合同尚未到期时，如果用人单位辞退员工，且员工没有过错的，就需要向员工支付一定的经济补偿。

当然，如果企业辞退员工是因为员工自身原因给企业造成重大经济损失，那么企业不需要向员工支付经济补偿。

下面来看一个合同范本中关于工作期限与相关经济补偿的规定。

范例解析 **劳动合同中的工作期限与经济补偿条款**

根据"××公司××"规定，单位（以下简称甲方）因生产、工作需要招用　（以下简称乙方）为正式员工，经双方协商同意，签订本劳动合同。

一、合同期限

本合同期限自×年×月×日起至×年×月×日止。合同期满即终止劳动合同。

二、生产工作任务

……

三、甲方应为乙方提供生产、工作条件

……

四、劳动报酬

……

五、保险、福利待遇

……

六、劳动纪律

……

七、劳动合同的解除

……

如果甲方在乙方没有过错的情况下辞退乙方，需提前解除劳动合同，则需要向乙方支付规定的补偿款。

劳动合同解除或终止后，甲方应按照乙方在本单位工作的年限，每满一年支付一个月工资的标准向乙方支付经济补偿。六个月以上不满一年的，按一年计算；不满六个月的，支付半个月工资的经济补偿。甲方应在规定的时间将乙方离职当月工资及补偿以 × 方式支付给乙方。

……

那么，企业向员工支付的经济补偿，需要做账吗？答案是肯定的。经济补偿也要计入企业的应付职工薪酬中吗？对。由于经济补偿通常是一次性支付，因此在会计处理上会将企业支付给员工的经济补偿一次性计入管理费用，注意，这里不再区分员工的工作内容和岗位性质，所有员工发生的经济补偿，一律计入管理费用。

假如某公司 2024 年 9 月因业务紧缩，辞退了 5 名生产工人，每人获得经济补偿 4.00 万元。那么，财会人员在计提这 5 名被辞退工人的经济补偿和实际支付时，分别需要编制如下会计分录。

借：管理费用——经济补偿金　　　　　　　　　200 000.00
　　贷：应付职工薪酬——辞退福利　　　　　　　　200 000.00
借：应付职工薪酬——辞退福利　　　　　　　　200 000.00
　　贷：银行存款　　　　　　　　　　　　　　　　200 000.00

合同中工作期限的规定，主要用来确定劳动者的正式就职时间和提供劳务的最后期限，它的存在可以帮助企业和劳动者判断解除合同时合同期限是否届满，从而判断企业和劳动者在双方解除劳动合同时应负的责任。这将为企业会计人员核算工资发放和经济补偿金额等财务事项提供有利依据。

6.1.4　合同中的绩效考核与绩效工资相关

绩效考核是企业绩效管理的一个重要环节，是指企业对照工作目标和绩效标准，采用科学的考核方法，评定员工工作任务完成情况、员工工作职责履行程度和员工发展情况，并将评定结果反馈给员工的过程。

既然有绩效考核，就必定会有绩效工资。绩效工资也是员工工资的组成部分，它直接与员工本人的绩效考核结果挂钩。绩效考核结果越好，或者考核得分越高，员工获得的绩效工资也会越高。

因为绩效工资是员工工资的一部分，所以它的发生也会涉及账务处理，这一点 HR 要明白。

一家企业内部，针对不同的岗位，可能制定不同的绩效考核方法，绩效工资给付标准也就可能不同。有的企业会在与劳动者签订劳动合同时，就在合同中明确该岗位适用的绩效考核方法与绩效工资给付标准；但也有企业会统一在企业的绩效考核管理制度或办法中进行明确规定。

下面来看某劳动合同中涉及的绩效考核与绩效工资的内容。

范例解析 劳动合同中的绩效考核方法与绩效工资给付标准

甲方：×× 有限公司

乙方：　　　　　　　身份证：

甲、乙双方在遵守国家和地方劳动法律的基础上，本着平等互利、协商一致的原则，现就甲方聘用乙方担任 ×× 一职，协议如下，供双方严格遵照执行。

一、工作时间

乙方每月工作时间为 × 天，每天工作时间为 × 小时。如果乙方未出勤满甲方规定时间，则扣除乙方相应缺勤工时工资。

二、工资

甲方对乙方的工资形式采用"保底＋绩效"形式，每月保底工资3 500.00 元，绩效工资为 1 000.00 元。

三、绩效工资的考核内容

（一）工作内容

乙方须按规定完成以下工作

1. 完成一台 ×× 机每天的机台清洁保养、机器的调整。
2. 完成一台 ×× 机每天的产能不低于 4 万件（机台正常情况下）。
3. 负责培训新进员工。
4. 负责现场 7S 管理。

乙方若未按时、保质、保量完成以上工作任务，扣除相应绩效工资。

（二）行为规范

乙方应严格遵守甲方制定的各项制度和岗位职责，完成甲方分配的各项工作任务。参加培训、例会、演习等迟到每次扣 × 元，缺席每次扣 × 元；工作时间或场所出现不穿工衣，不佩戴厂证，串岗聊天、嬉闹、玩手机、睡觉等，发现每次扣 × 元；因工作态度不好，不服从合理安排，发生争吵，每次扣 × 元，情节严重的追扣 × 元以上。

（三）工作纪律

在工作时间内乙方必须服从甲方工作安排和调动，如无正当理由不服从安排或调动的，每次扣 × 元。

（四）安全规范

乙方在工作过程中必须严格按照甲方机器设备安全生产操作规程操作，如出现违反甲方安全操作规程而出现伤害事故、产品质量事故和机器损坏事故，每次扣 × 元，情节严重的追扣 × 元以上。

（五）质量规范

乙方必须按甲方要求严格控制产品质量，严把质量关，不可只追求产品数量而忽视产品质量，如乙方生产的产品质量未达到甲方要求标准的，根据乙方责任大小追究其应承担的责任。

……

（六）工作效率

乙方必须按甲方要求按时完成相应工作量，生产产能、生产效率不得低于甲方规定标准。

……

甲方（盖章）：　　　　　　　乙方（签字盖章）：

××年××月××日　　　　　××年××月××日

HR要知道，企业向员工支付的绩效工资会与基本工资一起发放，计入员工的应发工资中，也就是说，财务人员在做账时，不会单独核算员工的绩效工资，而是与基本工资一样，计入"应付职工薪酬——工资、薪金、奖金和津贴"科目中进行核算。因此，这里不再单独列举会计分录。

知识扩展 年终奖通常不写入劳动合同中

年终奖是企业每年度末给予员工不封顶的奖励，是对员工当年的工作业绩的肯定。年终奖的发放额度及形式通常由企业自己根据实际情况调整。要想发挥出年终奖的效用，企业需要有较好的考评指标、评价方法和发放规则做辅助。有些企业为了吸引人才，会在面试甚至发布招聘信息时，就向应聘者或求职者承诺会根据企业经营情况发放年终奖。但是，由于年终奖的确定和发放形式受很多因素影响，因此一般不会明确地写入劳动合同中，通常都在薪酬管理制度中予以规定。

6.2 合同执行情况与财务处理

劳动合同的执行情况关乎员工的利益，也关乎企业的利益，财务人员会根据合同执行情况进行相应的账务处理。

6.2.1 合同正常执行需要按时支付工资

合同正常执行，说明员工需要按合同规定向企业提供劳务、服务，同时企业需要按合同规定向提供劳务、服务的员工支付相应的报酬。站在企业的角度，财务人员每月需先计提应发工资，然后到实际发放工资时，还需要做一笔账。

①计提应发工资时，涉及的会计分录如下。

借：管理费用/销售费用/生产成本/制造费用

　　贷：应付职工薪酬——工资、奖金、津贴和补贴

　　　　　　　　——社会保险费（企业部分）

　　　　　　　　——住房公积金（企业部分）

在上述会计分录中，"应付职工薪酬——工资、奖金、津贴和补贴"科目核算的是企业应发给员工的工资、奖金、津贴和补贴的总额；"应付职工薪酬——社会保险费（企业部分）"和"应付职工薪酬——住房公积金（企业部分）"科目核算的是企业为员工缴纳的那部分社会保险费和住房公积金。

②实际发放工资时，出纳人员需要先核定工资数额，然后通过银行转账向员工发放工资，最后将银行付款通知单交给财务部门负责工资核算的会计人员，该会计人员根据付款通知单做账，涉及的会计分录如下。

借：应付职工薪酬——工资、奖金、津贴和补贴

　　　　　　　　——社会保险费（企业部分）

　　　　——住房公积金（企业部分）

　其他应收款——社会保险费（个人部分）

　　　　——住房公积金（个人部分）

　　贷：银行存款

　在上述会计分录中，"应付职工薪酬——工资、奖金、津贴和补贴"、"应付职工薪酬——社会保险费（企业部分）"和"应付职工薪酬——住房公积金（企业部分）"科目是冲销前期计提的这些工资、奖金、津贴、补贴及企业缴纳部分的社会保险费和住房公积金。

　"其他应收款——社会保险费（个人部分）"和"其他应收款——住房公积金（个人部分）"科目核算的是企业代收代扣的员工个人缴纳部分的社会保险费和住房公积金；而"银行存款"科目核算的是企业向员工发放工资并代收代扣的社会保险费和住房公积金时实际支付的款项金额。

　HR要注意，实际工作中，发放工资的会计分录可能是分开编制的。

　借：应付职工薪酬——工资、奖金、津贴和补贴

　　　　——社会保险费（企业部分）

　　　　——住房公积金（企业部分）

　　贷：银行存款

　借：其他应收款——社会保险费（个人部分）

　　　　——住房公积金（个人部分）

　　贷：银行存款

6.2.2　工资标准变更后需要及时更新上报的工资数据

　工资标准变更一般来说不会因此更改劳动合同，但是为了使财务人员更好地核算员工工资和统计企业的人力资源成本，人力资源部门需要将工资标准变更情况及时报给财务部门。具体的操作流程如图6-1所示。

```
┌─┐  ┌────────────────────────────────────────────────────────────────┐
│1│  │在工资调整范围内，工资需要调整的，由部门提出申请并填写薪资审批表，拟订薪资标准│
└─┘  └────────────────────────────────────────────────────────────────┘

┌─┐  ┌────────────────────────────────────────────────────────────────┐
│2│  │部门经理签批薪资审批表后，由主管领导签批                          │
└─┘  └────────────────────────────────────────────────────────────────┘

┌─┐  ┌────────────────────────────────────────────────────────────────┐
│3│  │由主管领导和总经理审批后，确定薪资变更的执行标准。然后将审批后的薪资标准通知各部│
└─┘  │门和员工本人                                                      │
     └────────────────────────────────────────────────────────────────┘

┌─┐  ┌────────────────────────────────────────────────────────────────┐
│4│  │人力资源部门将最终确定的员工薪资标准及时报给财务人员，并说明具体的开始执行时间。│
└─┘  │财务部门出纳人员根据员工的最新薪资标准发放工资，会计人员根据银行的付款通知单做账│
     └────────────────────────────────────────────────────────────────┘
```

图 6-1　将工资标准变更信息报给财务部门的步骤

员工工资标准变更，一般不会影响财务人员账务处理时需要编制的会计分录中的会计科目，只需要将相关科目对应的金额进行调整。当然，如果企业从不给员工缴纳住房公积金到为员工缴纳住房公积金，则会计人员进行账务处理时，会计分录中需要增加"应付职工薪酬——住房公积金（企业部分）"科目和"其他应收款——住房公积金（个人部分）"科目，此时会计分录相比以前就有了变化。

6.2.3　合同解除可能涉及多给工资的情况

合同解除是指合同当事人一方或双方依照法律规定或当事人的约定，依法解除合同效力的行为。根据不同的划分标准，合同解除的类型不同，具体如图 6-2 所示。

如果企业与员工签订的劳动合同到期，则合同自动解除，这也是典型的法定解除。一般来说，这种情况下员工离职，企业只需要将剩余未支付的工资支付给离职员工即可，不需要多给工资或补偿。

第6章 劳动合同管理中的财务思维

```
                      按是否需要双方同意划分
                     ┌──────────┴──────────┐
                  单方解除                协议解除
```

单方解除	协议解除
单方解除指合同当事人中的一方行使解除权将合同解除的行为。该行为不需要经过对方当事人的同意，只需要解除权人将解除合同的意思直接通知对方，或经过人民法院或仲裁机构向对方主张，即可产生合同解除的法律效力	协议解除指合同当事人双方通过协商一致将合同解除的行为。这种解除行为以当事人的合意为基础，无须以解除权的存在为前提，也不属于解除权的行使范畴。合同解除的效力需要基于合同当事人双方一致同意方可生效

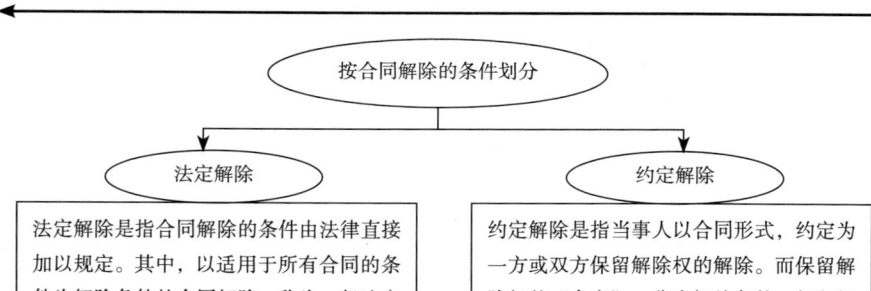

```
                      按合同解除的条件划分
                     ┌──────────┴──────────┐
                  法定解除                约定解除
```

法定解除	约定解除
法定解除是指合同解除的条件由法律直接加以规定。其中，以适用于所有合同的条件为解除条件的合同解除，称为一般法定解除；以适用于特定合同的条件为解除条件的合同解除，称为特别法定解除	约定解除是指当事人以合同形式，约定为一方或双方保留解除权的解除。而保留解除权的"合意"，称为解约条款。保留解除权，可以在当事人订立合同时约定，也可以在以后另行订立保留解除权的合同

图 6-2　合同解除的类型

但是，如果企业与员工在劳动合同尚未到期时就决定要解除劳动合同，且不是员工的过错，则无论企业是无理由单方面辞退员工还是因业务调整而需要裁减人员，都需要向员工多支付工资。多支付的工资一般以经济补偿体现，这一点，可以参考本章 6.1.3 节的内容。

实务中，也有企业因为破产而被迫解散、清算，此时企业已无力向员工支付工资，但进行破产清算并不意味着就免除了对员工薪资的发放义务，根据法律规定，企业在破产清算过程中，破产财产在优先清偿破产费用和共益债务后，要依照法定顺序清偿，其中就包括所欠职工的工资和经济补偿金。

从人力资源的角度看，企业要成功解除劳动合同，必须符合以下几个条件。

a. 解除的合同应是有效合同。我国合同解除制度存在的意义，就是为了解决合同有效成立后，由于主客观情况的变化，使合同履行成为不必要或不可能，如果再让合同继续发生法律效力，约束当事人双方，不但对其中一方甚至双方有害无益，有时还会有碍于市场经济的顺利发展。只有允许有关当事人解除合同，或赋予法院适用情事变更原则的权力，才会使局面改善。所以，要谈"合同解除"，必须针对的是"有效合同"。

b. 必须具备解除的条件。合同一经有效成立，就具有法律效力，当事人双方必须严格遵守、适当履行，不得擅自变更或解除。只有当主客观情况发生变化使合同的履行成为不必要或不可能，合同继续存在将失去积极意义，造成不适当结果时，才允许解除合同。这就是合同解除必须具备解除的条件。

c. 原则上必须有解除行为。解除条件只是合同解除的前提，当解除条件具备时，合同还不一定解除，如果要顺利解除，通常还需要有解除行为。而解除行为是合同当事人的行为。比如企业上级的命令对合同解除有时会起重要作用，但该命令并不是解除行为，仅有命令不能达到合同解除的目的，只有命令被合同当事人接受了，才会达到合同解除的目的。但是，适用于情势变更原则时的合同解除是由法院根据具体情况而裁决的，不需要解除行为。解除行为有两类：一是当事人双方协商同意；二是解除权人一方发出解除的意思表示。

d. 使合同关系灭失。合同解除的法律效果是使合同关系灭失，灭失的类型主要有两种：一是使合同关系自始灭失，即溯及合同成立之时灭失，形成与合同从未订立相同的结果；二是使合同关系自解除时灭失，解除后，以前的债权债务关系依然存在，不承认解除有溯及力。

6.3　劳动合同的其他财务要点

要做好劳动合同管理，使 HR 切实做好人力资源管理工作，仅仅了解前述关于劳动合同及其与财务的联系还不够，另外还有一些劳动合同与财务的联系也需要 HR 明确。

6.3.1　劳动合同也会经过财务部门评审

劳动合同是用人单位与劳动者之间确定劳动关系、明确相互权利义务的协议。它必须以书面形式签订，且内容必须完备、准确。

从企业整体运营角度看，合同最好能交由财务部门审核或评审，包括劳动合同。但这并不是法律的强制性要求，只是考虑到合同一般会涉及企业财务的收付款和出具发票等事宜，合同经财务部门审核并留档后，有利于企业财务部门更好地配合业务部门履行合同付款义务，并及时催收合同欠款。而且财务部门支付合同款项时需要以合同的结算条款为依据，所以，包括劳动合同在内的所有合同最好能经财务部门审核。

另外，当企业具备了一定规模后，税务风险也必须要防范，这也是财务人员参与合同评审的原因之一。

下面来看看财务人员参与劳动合同评审的关键点。

1. 涉税事项的评审

劳动合同中的涉税事项必须要清楚地说明。比如，向劳动者说明一旦工资数额超过个人所得税的免征额，企业就会为员工代扣代缴个人所得税。

对于合同中的劳务报酬，可以明确说明是税前工资还是税后工资。

2. 支付条款的评审

财务人员要看劳动合同中是否有对报酬支付方式的重要说明，比如付款人（单位名称及出纳人员姓名）是谁等。

看劳动合同中是否有付款时间的说明，这项内容直接影响到财务人员的做账时间；如果没有约定，就可能发生企业拖欠工资的情况，会降低员工对企业的信任感，同时对企业的声誉造成不利影响。

看劳动合同中具体的报酬结算方式，是用银行存款转账，还是直接付现金。

3. 内控要求

财务人员评审劳动合同时，要看合同的签订人有没有越权，即是否有权利与劳动者签订劳动合同。比如，企业规定只有人力资源部的经理与劳动者签订劳动合同，合同才有效，如果此时人力资源部某人事助理与劳动者签订合同，则该合同应视为无效处理。

4. 特殊事项的评审

劳动合同中的一些特殊事项往往容易导致合同纠纷。因此，财务人员在对劳动合同进行评审时，需要注重特殊事项，比如企业和劳动者各自违约的处理办法、什么情况下企业可以单方面解除劳动合同、什么情况下员工可提出解除合同且不算违约等。而财务人员需要评审这些内容是否合理、合法，是否会"劝退"劳动者等。

财务人员参与劳动合同的评审，要在签订合同之前就入手。

6.3.2 合同属于企业的第一手财务资料

有人可能会问：合同属于企业的第一手财务资料，那么合同是不是就算是原始凭证？合同不是原始凭证。

原始凭证又称单据，是在经济业务发生或完成时取得或填制的，用以记录或证明经济业务的发生或完成情况的文字凭证。原始凭证不仅能用来记录经济业务发生或完成的情况，还可以明确经济责任，是进行会计核算工作的原始资料和重要依据。

而合同仅表示当事人双方的意向，它的存在和签订不能说明经济业务已经发生，也不能说明经济业务已经完成。比如，企业与劳动者签订了劳动合同，但劳动者还没有正式入职上岗，企业也没有向员工支付劳务报酬，就说明企业与员工的聘用与被聘用的经济活动尚未发生，更别说完成。此时，劳动合同的签订就不涉及做账，也就不算是企业的原始凭证。

但是，劳动合同确实是企业的第一手财务资料，它可以作为辅助资料，帮助财务人员更准确地向员工支付劳务报酬。

图 6-3 为财务资料与原始凭证关系的简单表示。

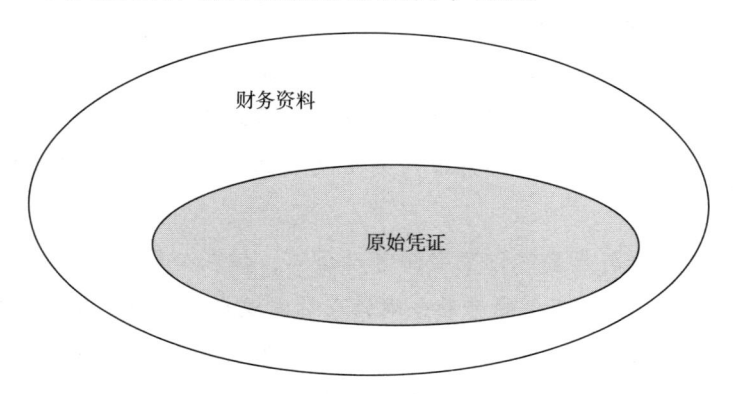

图 6-3　财务资料与原始凭证的关系

也就是说，站在财务的角度，是原始凭证的就一定是财务资料，但财务资料不一定是原始凭证。

所谓的"第一手资料"，是指经过经办人调查、收集、了解而掌握的资料，与"第二手资料"相对。第二手资料指对他人收集的资料进行整理所形成的资料。

由于劳动合同是用人单位与劳动者直接签订的，没有借助第三方的力量，所以劳动合同属于企业的第一手资料。对人力资源部门来说，属于第一手人力资源资料；对财务部门来说，也属于第一手财务资料。

6.3.3 妥善保管合同避免经济纠纷

企业与劳动者签订劳动合同后，需要按照合同的约定按时、足额向劳动者支付工资报酬。如果劳动合同没有保管好，丢失了或灭失了，企业向员工支付工资就没有了依据，员工也可能谎称"没有签订合同"而随意离职，给企业造成不必要的损失。

因此，HR一定要协助人力资源部门管理好劳动合同。那么，如果企业没有管理好劳动合同，究竟会发生怎样的纠纷呢？下面来看一个实例。

范例解析 **公司丢失劳动合同**

某地的某公司是一家集研发、生产、销售、服务为一体的企业。为了业务发展需要，2022年公司在苏州开设经销店，招聘了一批销售人员，严某就是其中之一。该公司按月给严某发放工资6 500.00元，以及社会保险补贴1 200.00元。

公司在当地与严某签订了书面劳动合同，但在公司通知严某不再续签劳动合同时，公司负责保管劳动合同的人员发现双方的劳动合同不见了。

而严某也否认签订劳动合同一事，并向当地劳动人事争议仲裁委员会提出仲裁申请，称公司未与其签订劳动合同，请求公司支付双倍工资和经济补偿，获得当地劳动人事争议仲裁委员会的支持。公司不服劳动仲裁，向法院提起诉讼。

庭审中，严某辩称原仲裁裁决书认定的事实清楚，适用法律正确，请求法院驳回公司的诉讼请求，并通过工资表证明公司未给自己办理社会保险，但自己从公司领取了社保补助金14 400.00元。

当地法院经审理，判决公司支付严某双倍工资及经济补偿，公司为严某补缴工作期间的社会保险费,金额以相关社保经办机构的核算为准,严某返还已收到的社保补贴 14 400.00 元。公司再次提出上诉。

二审法院经审理,维持原判。

【案例解析】

法院审理后认为,被告严某在原告公司从事销售工作期间,双方存在劳动关系,但该公司提供的证据不足以证明双方存在书面劳动合同的事实。该公司应按照《中华人民共和国劳动合同法》(以下简称《劳动合同法》)第八十二条的规定:"用人单位自用工之日起超过一个月不满一年未与劳动者订立书面劳动合同的,应当向劳动者每月支付二倍的工资。"

"用人单位违反本法规定不与劳动者订立无固定期限劳动合同的,自应当订立无固定期限劳动合同之日起向劳动者每月支付二倍的工资。"

支付严某在工作期间的双倍工资,扣除已经向严某支付过的工资,仍需支付相应的差额。

同时,根据法律规定,用人单位与劳动者协商一致而解除劳动合同的,应按劳动者在本单位的工作年限支付经济补偿,支付标准为每满一年支付一个月工资。

严某在该公司工作刚满一年,公司应支付经济补偿 6 500.00 元。另外,该公司未依法为严某办理社会保险手续,而以现金形式每月向其支付社保补贴的行为不符合法律规定,应予纠正。

由此可见,对公司来说,要想降低人力资源成本,也可以从妥善保管劳动合同入手,减少合同纠纷,避免发生不必要的经济赔偿支出。

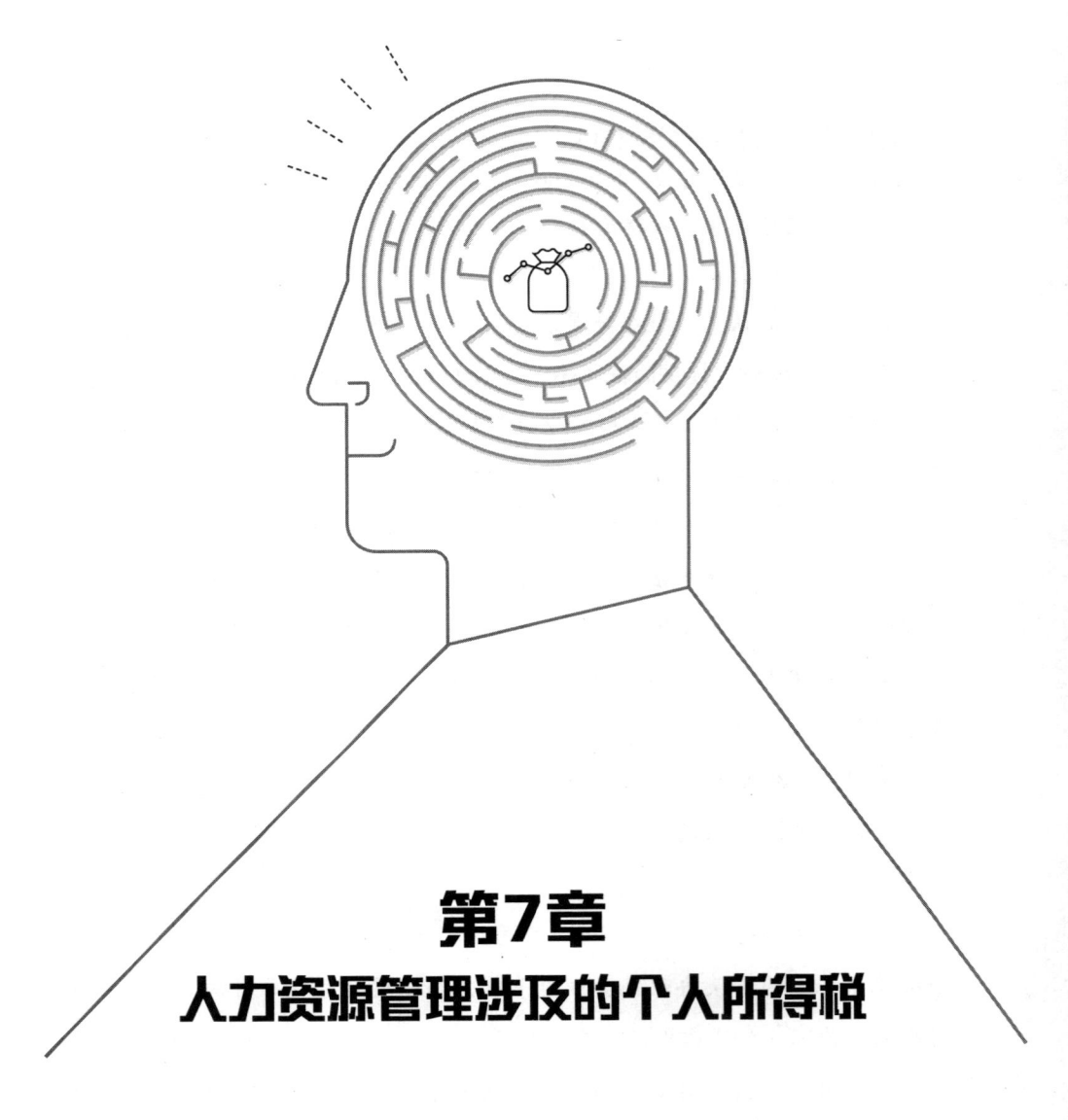

第7章
人力资源管理涉及的个人所得税

个人所得税的计缴直接关系着劳动者能够拿到手的工资有多少，而且会对企业的人力资源管理工作产生影响。HR要想提升自己的工作能力，可以了解关于个人所得税的知识，帮助企业合规运营、降低成本，同时也能更好地指导员工进行个税申报和缴纳。

7.1 简单认识个人所得税

个人所得税是对个人取得的各项应税所得征收的一种所得税，在实际征收时要区分是居民纳税人还是非居民纳税人。由于个人所得税与企业员工的利益息息相关，因此 HR 在进行人力资源管理时有必要了解个人所得税的征税范围及适用的税率标准。

7.1.1 个人所得税的征税范围

对于企业 HR 来说，不需要深入研究个人所得税的征税范围，但需要先从纳税人身份入手，大致了解个人所得税的不同征税范围。

居民个人纳税人征税范围是纳税人从中国境内和境外取得的所得。非居民个人纳税人征税范围是纳税人从中国境内取得的所得。

> **知识扩展** 居民个人和非居民个人的界定标准
>
> 居民个人指在中国境内有住所，或者无住所但在一个纳税年度内在中国境内居住累计满 183 天的个人。非居民个人指在中国境内无住所又不居住，或者无住所且一个纳税年度内在中国境内居住累计不满 183 天的个人。

接下来需要了解上述所说的"所得"究竟包括哪些内容，见表 7-1。

表 7-1 个人所得税的征税范围

项目	简述
工资、薪金所得	指个人因任职或受雇所取得的工资、薪金、奖金、年终加薪、劳动分红、津贴、补贴及与任职或受雇有关的其他所得。注意，有些项目不属于工资、薪金所得中的津贴和补贴，不需要计入工资、薪金所得缴纳个人所得税，如独生子女补贴、托儿补助费、差旅费津贴及执行公务员工资制度未纳入基本工资总额的补贴和津贴等

续上表

项 目	简 述
劳务报酬所得	指个人从事设计、装潢、安装、制图、化验、测试、医疗、法律、会计、咨询、讲学、新闻、广播、翻译、审稿、书画、雕刻、影视、录音、录像、演出、表演、广告、展览、技术服务、介绍服务、经纪服务、代办服务及其他劳务取得的所得
稿酬所得	指个人因其作品以图书、报纸形式出版、发表而取得的所得。这里的"作品"包括中外文字、图片、乐谱等能以图书、报刊方式出版或发表的作品。所谓的"个人作品",既包括个人的著作,也包括个人翻译的作品。另外,个人取得的遗作稿酬也是个人所得税的征税范围,需要按规定缴纳个人所得税
特许权使用费所得	指个人提供专利权、著作权、商标权、非专利技术和其他特许权的使用权所取得的所得。注意,该所得不包括个人提供著作权的使用权所取得的所得。作者将自己的文字作品手稿原件或复印件公开拍卖(竞价)取得的所得,以及个人取得特许权的经济赔偿收入,都按照特许权使用费所得计缴个人所得税
经营所得	它包括个体工商户的生产、经营所得和个人对企事业单位的承包经营、承租经营所得,具体有四类: ①个体工商户从事生产、经营活动取得的所得,个人独资企业投资人、合伙企业的个人合伙人来源于中国境内注册的个人独资企业、合伙企业的生产、经营所得。 ②个人依法取得营业执照,从事办学、医疗、咨询和其他有偿服务活动取得的所得。 ③个人对企事业单位承包经营、承租经营以及转包、转租取得的所得。 ④个人从事其他生产、经营活动取得的所得
利息、股息、红利所得	指个人因拥有债权、股权等所取得的利息、股息和红利所得。利息所得通常指存款、贷款和购买各种债券的利息;股息、红利指个人拥有股权取得的公司或企业分红。其中,股息指按照一定的比率派发的每股息金,而红利指公司或企业应分配的超过股息部分的利润,即按股派发的红股
财产租赁所得	指个人出租不动产、机器设备、土地使用权、车船和其他财产取得的所得。注意,个人取得的房屋转租收入也属于财产租赁所得,需要按规定计缴个人所得税

续上表

项　目	简　述
财产转让所得	指个人转让有价证券、股权、合伙企业中的财产份额、不动产、机器设备、土地使用权、车船及其他财产取得的所得。注意，个人股票买卖取得的所得暂不征收个人所得税
偶然所得	指个人得奖、中奖、中彩及其他偶然性质的所得，也可以理解为个人取得的非经常性的所得。得奖指个人参加各种有奖竞赛活动，取得名次而得到的奖金；中奖、中彩指个人参加各种有奖活动，如个人购买彩票，经过规定程序抽中、摇中号码而取得的奖金

表格中前四项所得统称为"综合所得"，如果是居民个人纳税人，会在年度终了时合并计缴个人所得税，进行汇算清缴；如果是非居民个人纳税人，年度终了不进行汇算清缴，而是按月或按次分项计算个人所得税。

如果个人取得的所得难以像表 7-1 一样界定应纳税所得项目，则由国务院税务主管部门确定。

7.1.2　不同的所得适用的个人所得税税率标准

HR 需要从总的方向了解个人所得税的税率标准类型，共三种，如图 7-1 所示。

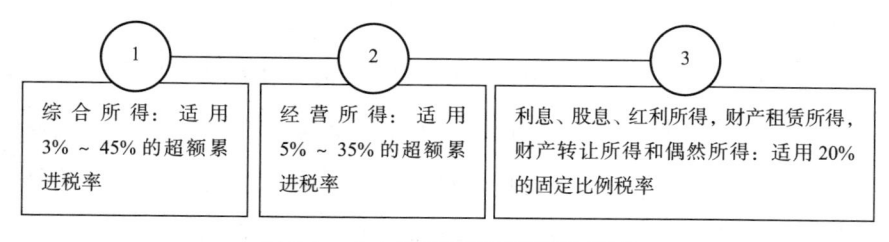

1. 综合所得：适用 3%～45% 的超额累进税率
2. 经营所得：适用 5%～35% 的超额累进税率
3. 利息、股息、红利所得，财产租赁所得，财产转让所得和偶然所得：适用 20% 的固定比例税率

图 7-1　个人所得税的税率标准类型

那么，对于综合所得和经营所得，个人所得税税率具体标准又是怎样的呢？HR 可以参考下面内容。

1. 综合所得的个人所得税税率标准

根据前面的内容我们知道，综合所得是工资、薪金所得，劳务报酬所得，稿酬所得和特许权使用费所得的统称。综合所得适用的个人所得税税率具体标准见表 7-2。

表 7-2　综合所得适用的个人所得税税率

级　数	全年应纳税所得额	税率（%）	速算扣除数
1	不超过 36 000.00 元的部分	3	0.00
2	超过 36 000.00 至 144 000.00 元的部分	10	2 520.00
3	超过 144 000.00 元至 300 000.00 元的部分	20	16 920.00
4	超过 300 000.00 元至 420 000.00 元的部分	25	31 920.00
5	超过 420 000.00 元至 660 000.00 元的部分	30	52 920.00
6	超过 660 000.00 元至 960 000.00 元的部分	35	85 920.00
7	超过 960 000.00 元的部分	45	181 920.00

注意，如果纳税人要分段计算全年应纳税所得额，则计算应缴纳个人所得税时，不需要用到速算扣除数。如果纳税人按全年应纳税所得额在某个区间一次性计算应纳税额，则需要用到速算扣除数。

比如，某人 2024 年全年应纳税所得额为 375 000.00 元。如果分段计算全年应纳税所得额，则计算应缴纳个人所得税时不用速算扣除数，此时，不超过 36 000.00 元的部分，全额按照 3% 的税率计算应纳税额，即 1 080.00 元（36 000.00×3%）；超过 36 000.00 至 144 000.00 元的部分，这部分涵盖应纳税所得额共 108 000.00 元（144 000.00−36 000.00），加上前面已经核算了个人所得税的 36 000.00 元，共 144 000.00 元，没有超过 375 000.00 元，所以该区间也全额按照 10% 的税率计算应纳税额，即 10 800.00 元（108 000.00×10%）；同理，超过 144 000.00 元至 300 000.00 元的部分，全额（300 000.00−144 000.00）按照 20% 的税率计算应纳税额，即

31 200.00 元（156 000.00×20%）；至此，已有 300 000.00 元的应纳税所得额计缴了个人所得税，剩余的 75 000.00 元（375 000.00-300 000.00）处于"超过 300 000.00 元至 420 000.00 元的部分"，按照 25% 的税率计算缴纳个人所得税，即 18 750.00 元（75 000.00×25%）。所有区间应缴纳个人所得税相加，就是该个人 2024 年全年综合所得应缴纳的个人所得税税额，即 61 830.00 元（1 080.00+10 800.00+31 200.00+18 750.00）。

这样计算，看起来似乎很复杂，如果我们利用速算扣除数来计算，会不会更简单一点呢？答案是肯定的。该个人综合所得全年应纳税所得额为 375 000.00 元，处于第 4 级"超过 300 000.00 元至 420 000.00 元的部分"，直接以应纳税所得额全额按照该等级对应的税率和速算扣除数计算个人所得税应纳税额，即 61 830.00 元（375 000.00×25%-31 920.00），与前一种方法计算得出的应纳税额相同。

所以，有了速算扣除数，综合所得的个人所得税应纳税额计算非常方便。

当然，非居民个人不核算综合所得，那么他们取得工资收入时又该以什么样的税率标准来核算呢？其实，将表 7-2 的数据（除级数和税率外）分别除以 12 换算成按月标准即可，见表 7-3。

表 7-3　非居民个人工资、薪金所得适用的个人所得税税率

级　数	全月应纳税所得额	税率（%）	速算扣除数
1	不超过 3 000.00 元的部分	3	0.00
2	超过 3 000.00 至 12 000.00 元的部分	10	210.00
3	超过 12 000.00 元至 25 000.00 元的部分	20	1 410.00
4	超过 25 000.00 元至 35 000.00 元的部分	25	2 660.00
5	超过 35 000.00 元至 55 000.00 元的部分	30	4 410.00

续上表

级 数	全月应纳税所得额	税率（%）	速算扣除数
6	超过 55 000.00 元至 80 000.00 元的部分	35	7 160.00
7	超过 80 000.00 元的部分	45	15 160.00

2. 经营所得的个人所得税税率标准

经营所得的个人所得税税率，总共分 5 级，表 7-4。

表 7-4　经营所得适用的个人所得税税率

级 数	全年应纳税所得额	税率（%）
1	不超过 30 000.00 元的部分	5
2	超过 3 000.00 至 90 000.00 元的部分	10
3	超过 90 000.00 元至 300 000.00 元的部分	20
4	超过 300 000.00 元至 500 000.00 元的部分	30
5	超过 500 000.00 元的部分	35

在计缴个人所得税应纳税额时，更关键的一步是确定应纳税所得额，该内容将在本章后面进行详细讲解。

7.2　个人所得税并不是人人都要缴

有些 HR 可能会问：只要有人工作获得了工资收入就需要缴纳个人所得税吗？不一定。如果某个劳动者当月或当年的工资收入或综合所得没有达到纳税标准，就不需要缴纳个人所得税。那么，这个"纳税标准"究竟是什么呢？如果劳动者需要缴纳个人所得税，有没有办法可以减轻税负呢？下面就从本节内容中寻找这些问题的答案。

7.2.1　个人所得税的缴纳有免征额优惠

什么是免征额？可能有的 HR 会将其理解为起征点。两者实际上是不同的概念，在我国，个人所得税的计缴采用的是免征额而不是起征点。

免征额也称"免税点"，是税法规定课税对象免予征税的数额。也就是说，无论课税对象的数额有多少，免征额的部分都不征收个人所得税，而仅对超过免征额的部分征收个人所得税。在实际计算时，应先从纳税人的全部应税收入中扣掉免征额，然后对剩余的应税收入按照规定的税率计算应纳税额。

起征点又称"征税起点"，指税法规定对课税对象开始征税的最低界限。换句话说，当个人收入没有达到起征点时，不征收个人所得税；一旦收入达到或超过起征点，将对个人取得的所有应税收入征收个人所得税。

由此可见，个人在计缴个人所得税时，免征额算得上是一种税收优惠，因为它不征税。

学到这里，或许还有部分 HR 对免征额和起征点的概念存在混淆。下面通过一个具体的案例来帮助他们理解二者差异。

范例解析 免征额和起征点对个人所得税缴纳的影响

有甲、乙、丙 3 人，同在某公司任职。假设 2024 年 9 月 3 人的工资收入分别为 4 999.00 元、5 000.00 元和 5 001.00 元。已知计缴个人所得税前允许扣除的费用为每月 5 000.00 元，适用税率为 7 级超额累进税率。那么，在不考虑其他扣除项目的情况下，这 3 人缴纳个人所得税的情况一样吗？具体分析如下。

①甲的工资收入为 4 999.00 元，没有超过免征额 5 000.00 元，因此，不需要缴纳个人所得税。

②乙的工资收入为 5 000.00 元，刚好等于免征额 5 000.00 元，不存在超过免征额的部分，因此，也不需要缴纳个人所得税。

③丙的工资收入为5 001.00元，超过免征额5 000.00元，且超过1.00元，需要按照超过部分的1.00元征收个人所得税。根据工资、薪金所得适用的个人所得税税率表可知，由于超过的1.00元处于第1级，因此适用的税率为3%，没有速算扣除数，应纳税额为0.03元（1.00×3%）。

如果其他条件不变，只是将扣除费用每月5 000.00元确定为起征点，那么这3人在不考虑其他因素的情况下，应缴纳的个人所得税税额如下。

①甲的工资收入为4 999.00元，没有超过起征点，因此，不需要缴纳个人所得税。

②乙的工资收入为5 000.00元，刚好达到起征点，因此，需要就其全部收入5 000.00元征收个人所得税，如果按照工资、薪金所得适用的个人所得税税率表核算，其当月应纳税所得额5 000.00元处于第2级"超过3 000.00至12 000.00元的部分"，适用税率为10%，速算扣除数为210.00，应纳税额为290.00元（5 000.00×10%-210.00）。

③丙的工资收入为5 001.00元，超过起征点，因此，需要就其全部收入5 001.00元征收个人所得税，假设也按照工资、薪金所得适用的个人所得税税率表核算，其当月应纳税所得额5 001.00元处于第2级"超过3 000.00至12 000.00元的部分"，适用税率为10%，速算扣除数为210.00，应纳税额为290.10元（5 001.00×10%-210.00）。

从上述案例的计算结果可知，相关部门是规定个人所得税适用免征额还是起征点，对那些收入低于免征额或起征点的个人来说没有什么区别。但对于那些收入达到免征额或起征点，甚至超过免征额或起征点的个人来说就有了很大的区别，涉及缴不缴税及会不会多缴税的问题，进一步就会影响企业的人力资源成本。

所以，HR一定要对我国个人所得税采用免征额政策有深刻的认识。

7.2.2　有专项附加扣除可以减轻个人税负

《中华人民共和国个人所得税法》（以下简称《个人所得税法》）第

六条规定："应纳税所得额的计算：（一）居民个人的综合所得，以每一纳税年度的收入额减除费用六万元以及专项扣除、专项附加扣除和依法确定的其他扣除后的余额，为应纳税所得额……"

由此可见，在计算个人需要缴纳的个人所得税税额时，需要在税前扣除规定的专项附加扣除项目。如果不扣除，则应纳税所得额会更大一些，需要缴纳的个人所得税税额也就会更多一些。专项附加扣除实际上可以减轻劳动者个人的税收负担，这也关系着企业的人力资源成本，作为企业的HR，需要了解有关专项附加扣除的内容。

那么，什么是个人所得税专项附加扣除呢？

个人所得税专项附加扣除是指个人所得税法规定的子女教育、继续教育、大病医疗、住房贷款利息、住房租金、赡养老人和3岁以下婴幼儿照护等七项专项附加扣除。

企业HR要想做好人力资源成本管理工作，需要大致了解这七项专项附加扣除的内容和扣除标准。

1. 子女教育专项附加扣除

纳税人的子女接受全日制学历教育的相关支出，按照每个子女每月1 000.00元（每年12 000.00元）的标准定额扣除。

纳税人（父母）可以选择由一方按扣除标准的100%扣除，也可以选择由双方分别按扣除标准的50%扣除，具体扣除方式在一个纳税年度内不能变更。

该条款所指的"学历教育"，包括义务教育（小学、初中教育）、高中阶段教育（普通高中、中等职业、技工教育）和高等教育（大学专科、大学本科、硕士研究生、博士研究生教育）。注意，年满3岁至小学入学前的阶段称为学前教育结算，也可以按照该规定，对相关支出适用子女教育专项附加扣除。

如果纳税人的子女在中国境外接受教育，纳税人要想享受子女教育专项附加扣除，需留存境外学校录取通知书和留学签证等相关教育的证明资料备查。

2. 继续教育专项附加扣除

关于继续教育专项附加扣除，主要分为两大类，如图 7-2 所示。

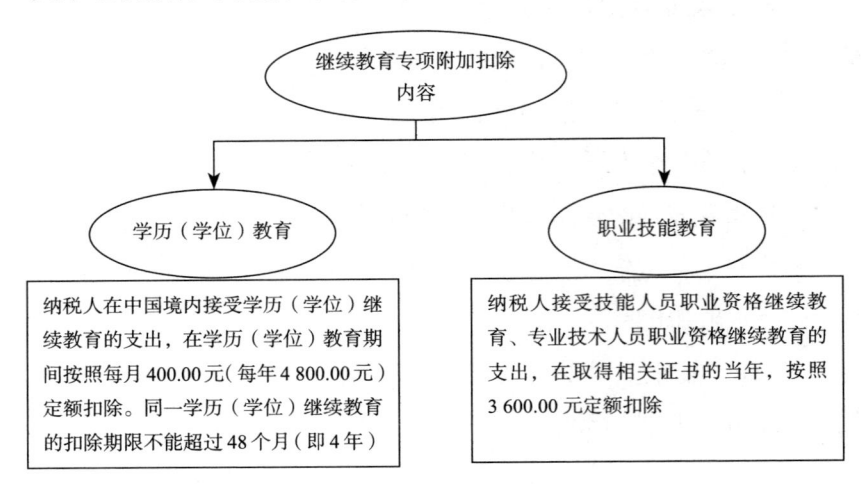

```
              继续教育专项附加扣除
                    内容
              ／              ＼
    学历（学位）教育          职业技能教育
```

学历（学位）教育	职业技能教育
纳税人在中国境内接受学历（学位）继续教育的支出，在学历（学位）教育期间按照每月 400.00 元（每年 4 800.00 元）定额扣除。同一学历（学位）继续教育的扣除期限不能超过 48 个月（即 4 年）	纳税人接受技能人员职业资格继续教育、专业技术人员职业资格继续教育的支出，在取得相关证书的当年，按照 3 600.00 元定额扣除

图 7-2 继续教育专项附加扣除的内容

注意，个人接受本科及以下学历（学位）继续教育，符合国家税务总局关于修订发布《个人所得税专项附加扣除操作办法（试行）》的公告（国家税务总局公告 2022 年第 7 号）规定扣除条件的，可选择由其父母扣除，也可选择由本人扣除。

另外，纳税人接受技能人员职业资格继续教育、专业技术人员职业资格继续教育的，应留存相关证书等资料备查。

3. 大病医疗专项附加扣除

在一个纳税年度内，纳税人发生的与基本医保相关的医药费用支出，扣除医保报销后个人负担（指医保目录范围内的自付部分）累计超过

15 000.00元的部分，由纳税人在办理年度汇算清缴时，在80 000.00元限额内据实扣除。纳税人发生的医药费用支出可以选择由本人或其配偶扣除；纳税人的配偶发生的医药费用支出，按照相关规定分别计算扣除额；未成年子女发生的医药费用支出可以选择由其父母一方扣除。

纳税人应留存医药服务收费及医保报销相关票据原件（或复印件）等资料备查。纳税人也不要担心无法获取相关资料，因为医疗保障部门应向患者提供在医疗保障信息系统记录的本人年度医药费用信息查询服务。

为了更好地理解该专项附加扣除的限额标准，我们来看以下分析。

范例解析　大病医疗专项附加扣除的限额标准

假设某人2024年共发生医保目录范围内的医药费用支出共35 000.00元，医保报销18 000.00元，扣除医保报销后个人负担17 000.00元，超过15 000.00元，超过部分在汇算清缴时可以在80 000.00元限额内据实扣除。即个人负担的17 000.00元中超过15 000.00元的部分，即2 000.00元可以按照大病医疗专项附加扣除的规定据实扣除。

如果这个人共发生医保目录范围内的医药费用支出共113 000.00元，医保报销18 000.00元，扣除医保报销后个人负担95 000.00元，超过15 000.00元，超过部分在汇算清缴时可以在80 000.00元限额内据实扣除。即个人负担的95 000.00元中超过15 000.00元的部分，即80 000.00元可以按照大病医疗专项附加扣除的规定据实扣除。

如果这个人共发生医保目录范围内的医药费用支出共115 000.00元，医保报销18 000.00元，扣除医保报销后个人负担97 000.00元，超过15 000.00元，超过部分在汇算清缴时可以在80 000.00元限额内据实扣除。即个人负担的97 000.00元中超过15 000.00元的部分（即82 000.00元）中只有80 000.00元可以按照大病医疗专项附加扣除的规定据实扣除，而超过部分中剩下的2 000.00元不能作为大病医疗专项附加扣除。

如果这个人共发生医保目录范围内的医药费用支出共33 000.00元，医保报销18 000.00元，扣除医保报销后个人负担15 000.00元，没有超过

15 000.00 元，个人负担的 15 000.00 元不能作为汇算清缴时的大病医疗专项附加扣除。

4. 住房贷款利息专项附加扣除

纳税人本人或配偶单独或共同使用商业银行或住房公积金个人住房贷款为本人或其配偶购买的中国境内住房，发生的首套住房贷款利息支出，在实际发生贷款利息的年度，按照每月 1 000.00 元（每年 12 000.00 元）的标准定额扣除，扣除期限最长不超过 240 个月。纳税人只能享受一次首套住房贷款的利息扣除。

经夫妻双方约定，可选择由其中一方扣除，具体扣除方式在一个纳税年度内不能变更。夫妻双方婚前分别购买住房发生的首套住房贷款，其贷款利息支出在婚后可以选择其中一套购买的住房，由购买方按扣除标准的 100% 扣除；也可以由夫妻双方对各自购买的首套住房分别按扣除标准的 50% 扣除，具体扣除方式在一个纳税年度内不能变更。

这里所称"首套住房贷款"指购买住房享受首套住房贷款利率的住房贷款。换句话说，如果纳税人购买的不是首套住房，则购买该住房发生的贷款利息支出不能作为专项附加扣除在计缴个人所得税应纳税额时扣除。

纳税人要想享受到住房贷款利息专项附加扣除，就需要留存住房贷款合同和贷款还款支出凭证等资料备查。

5. 住房租金专项附加扣除

纳税人在主要工作城市没有自有住房而发生的住房租金支出，可以按照图 7-3 所示的标准定额扣除。

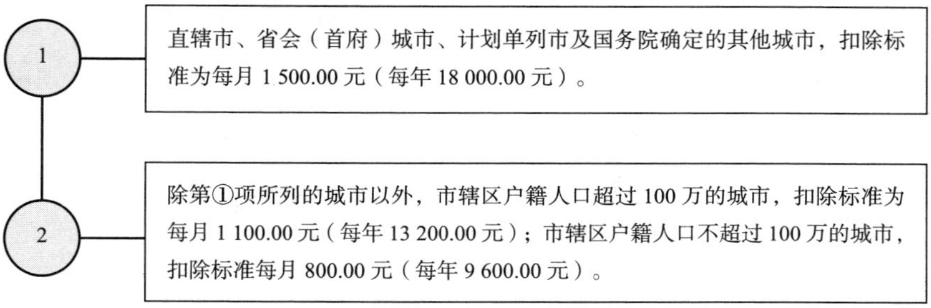

第7章 人力资源管理涉及的个人所得税

```
①　直辖市、省会（首府）城市、计划单列市及国务院确定的其他城市，扣除标准为每月 1 500.00 元（每年 18 000.00 元）。

②　除第①项所列的城市以外，市辖区户籍人口超过 100 万的城市，扣除标准为每月 1 100.00 元（每年 13 200.00 元）；市辖区户籍人口不超过 100 万的城市，扣除标准每月 800.00 元（每年 9 600.00 元）。
```

图 7-3　住房租金专项附加扣除的扣除标准

关于住房租金专项附加扣除，有如下几点注意事项。

◆ 纳税人的配偶在纳税人的主要工作城市有自有住房的，视同纳税人在主要工作城市有自有住房。

◆ 夫妻双方主要工作城市相同的，只能由一方扣除住房租金支出。

◆ 住房租金支出由签订租赁住房合同的承租人扣除。

◆ 纳税人及其配偶在一个纳税年度内不能同时享受住房贷款利息和住房租金专项附加扣除。

◆ 市辖区户籍人口以国家统计局公布的数据为准。

◆ 主要工作城市指纳税人任职受雇的直辖市、计划单列市、副省级城市、地级市（地区、州、盟）全部行政区域范围；纳税人无任职受雇单位的，为受理其综合所得汇算清缴的税务机关所在城市。

纳税人要想顺利享受租房租金专项附加扣除，应留存住房租赁合同、协议等有关资料备查。

6. 赡养老人专项附加扣除

纳税人赡养一位及以上被赡养人的赡养支出，统一按照以下标准定额扣除。

a. 纳税人为独生子女的，按照每月 2 000.00 元（每年 24 000.00 元）的标准定额扣除。

b. 纳税人为非独生子女的，由其与兄弟姐妹分摊每月 2 000.00 元的扣除额度，每人分摊的额度不能超过每月 1 000.00 元。可以由赡养人均摊或约定分摊，也可以由被赡养人指定分摊。约定或指定分摊的，必须签订书面分摊协议，指定分摊优先于约定分摊。具体分摊方式和额度在一个纳税年度内不能变更。

另外需要注意的是，无论赡养人赡养的是一位被赡养人，还是两位或两位以上的被赡养人，每月的扣除额度只有 2 000.00 元，不会因为被赡养人人数增加而增加。而且，这里所称"被赡养人"是指纳税人的年满 60 岁的父母，以及子女均已去世的年满 60 岁的祖父母、外祖父母。

7. 3 岁以下婴幼儿照护专项附加扣除

国务院决定设立 3 岁以下婴幼儿照护个人所得税专项附加扣除。

纳税人照护 3 岁以下婴幼儿子女的相关支出，按照每个婴幼儿每月 1 000.00 元的标准定额扣除。父母（纳税人及其配偶）可以选择由其中一方按扣除标准的 100% 扣除，也可以选择由双方分别按扣除标准的 50% 扣除，具体扣除方式在一个纳税年度内不能变更。

7.2.3 计缴个人所得税时确定应纳税所得额是关键

应纳税所得额是指按照税法规定确定纳税人在一定期间获得的所有应税收入减去在该纳税期间依法允许减除的各种项目金额后的余额，是计算个人所得税的计税依据。要准确核算员工应缴纳的个人所得税，HR 就需要知道个人所得税应纳税所得额如何确定。

根据个人取得不同的所得，其应纳税所得额的确定方法存在差异，具体如图 7-4 所示。

第7章 人力资源管理涉及的个人所得税

1 居民个人的综合所得

以每一纳税年度的收入额减去费用6.00万元及专项扣除、专项附加扣除和依法确定的其他扣除后的余额,为应纳税所得额。其中,劳务报酬所得、稿酬所得、特许权使用费所得不超过4 000.00元的,以收入减去800.00元费用后的余额为收入额;超过4 000.00元的,以收入减去20%的费用后的余额为收入额。稿酬所得的收入额减按70%计算

2 非居民个人的工资、薪金所得

以每月收入额减去费用5 000.00元后的余额为应纳税所得额;劳务报酬所得、稿酬所得、特许权使用费所得应纳税所得额的确定,参照居民个人的处理方法

3 经营所得

以每一纳税年度的收入总额减去成本、费用和损失后的余额,为应纳税所得额。如果纳税人没有综合所得,还可以从收入总额中减去法定扣除费用6.00万元

4 财产租赁所得

每次收入不超过4 000.00元的,减去费用800.00元;每次收入超过4 000.00元的,减去20%的费用,其余额为应纳税所得额。另外还可以减去合理的修缮费(不超过800.00元)

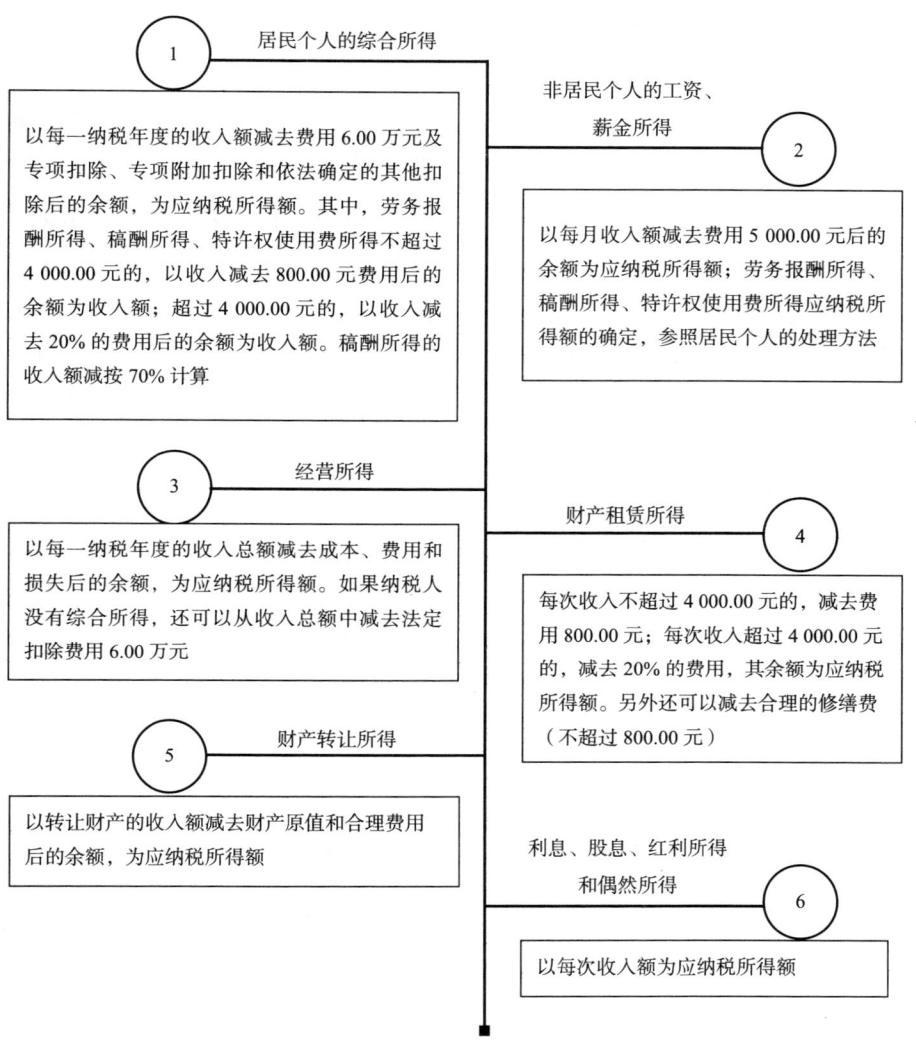

5 财产转让所得

以转让财产的收入额减去财产原值和合理费用后的余额,为应纳税所得额

6 利息、股息、红利所得和偶然所得

以每次收入额为应纳税所得额

图7-4 个人所得税应纳税所得额的确定

为了更好地理解劳动者的个人所得应确定的应纳税所得额,我们来看看具体的案例。

范例解析 正确核算个人所得税的应纳税所得额

【例1】

2024年度，李某取得工资薪金收入共80 400.00元，劳务报酬10 000.00元，稿酬所得6 000.00元，特许权使用费所得50 000.00元。当年缴纳社保和住房公积金共18 000.00元，申报专项附加扣除24 000.00元，不存在其他依法扣除项目。假设不考虑其他税费，计算李某2024年综合所得的应纳税所得额。

分析：劳务报酬所得10 000.00元超过4 000.00元，需要按20%的比例扣减费用来确认收入额。同理，稿酬所得和特许权使用费所得也都分别超过4 000.00元，也需要按20%的比例扣减费用来确认收入额。同时，稿酬所得的最终收入额按照确认的收入额的70%计算。

①计算综合所得的收入总额。

工资薪金所得的收入额=80 400.00（元）

劳务报酬所得的收入额=10 000.00×（1-20%）=8 000.00（元）

稿酬所得的收入额=6 000.00×（1-20%）×70%=3 360.00（元）

特许权使用费所得的收入额=50 000.00×（1-20%）=40 000.00（元）

综合所得的收入总额=80 400.00+8 000.00+3 360.00+40 000.00=131 760.00（元）

②计算综合所得的应纳税所得额。

应纳税所得额=131 760.00-60 000.00-18 000.00-24 000.00=29 760.00（元）

【例2】

外国人Jolie为非居民个人，2024年9月在我国取得的收入情况如下：取得任职公司发放的工资薪金10 000.00元，劳务报酬所得50 000.00元，稿酬所得4 000.00元，特许权使用费所得60 000.00元。假设不考虑其他税费，也不存在其他依法确定的扣除项目。分别计算Jolie各种所得对应的应纳税所得额。

①工资薪金所得的应纳税所得额 =10 000.00−5 000.00=5 000.00（元）

②劳务报酬所得的应纳税所得额 =50 000.00×（1−20%）=40 000.00（元）

③稿酬所得的应纳税所得额 =4 000.00×（1−20%）×70%=2 240.00（元）

④特许权使用费所得的应纳税所得额 =60 000.00×（1−20%）= 48 000.00（元）

注意，非居民个人的各种所得，需要分别将对应的应纳税所得额比照税率表，选择合适的税率，分别计缴应缴纳的个人所得税税额。

【例3】

自然人李某和余某2023年共同投资开店，注册登记为个体工商户，李某出资200.00万元，占全部出资的40%；余某出资300.00万元，占全部出资的60%。协议中约定李某在店铺工作，每月取得固定工资6 000.00元（不考虑专项扣除），剩余经营所得由李某和余某按各自的出资比例分配。2024年共实现销售收入180.00万元，允许扣除的成本、费用共115.20万元，无其他收入及支付项目。假设李某2024年没有综合所得，年度专项附加扣除金额为13 200.00元，计算李某2024年的个人所得税应纳税额。

分析：李某和余某应就其取得的经营所得分别缴纳个人所得税。协议中约定李某在店铺工作，取得的工资应认定为李某取得的经营所得，即72 000.00元（6 000.00×12）。合伙投资设立个体工商户，合伙人应针对生产经营所得和其他所得"先分后税"。

李某2024年经营所得 =（180.00−115.20）×40%+7.20=33.12（万元）

因李某当年没有综合所得，所以可以扣除基本减除费用6.00万元，而年度专项附加扣除为1.32万元，不考虑专项扣除，则：

李某2024年经营所得的应纳税所得额 =33.12−6.00−1.32=25.80（万元）

同理，假设余某没有其他收入，则：

余某2024年经营所得的应纳税所得额 =（180.00−115.20）×60%−6.00= 32.88（万元）

【例4】

自然人刘某将自己名下的一套闲置房产用于出租，与承租人签订房屋租赁合同，租期一年，每月租金1 500.00元，约定租客按季支付。财产租赁所得以一个月内取得的收入为一次，假设在出租前，刘某为了顺利出租发生了合理的修缮费500.00元，计算刘某第一个月因出租房屋获得的财产租赁所得的个人所得税应纳税所得额。

分析：刘某出租房屋，与租客约定每月租金1 500.00元。虽然是按季支付，但出租房屋以一个月内取得的收入为一次，所以为1 500.00元，没有超过4 000.00元。

应纳税所得额 =1 500.00-500.00-800.00=200.00（元）

如果刘某与承租人签订的房屋租赁合同约定租金一年，每月租金4 500.00元，约定租客按季支付，且出租前发生合理的修缮费共1 000.00元。那么刘某第一个月和第二个月因出租房屋获得的财产租赁所得的个人所得税应纳税所得额又是多少呢？

分析：刘某出租房屋，与租客约定每月租金4 500.00元，超过4 000.00元，扣除20%的费用和合理的修缮费，确定应纳税所得额。第一个月可以扣除的修缮费最高为800.00元，剩余未扣除的200.00元结转到第二个月扣除。

第一个月应纳税所得额 =（4 500.00-800.00）×（1-20%）=2 960.00（元）
第二个月应纳税所得额 =（4 500.00-200.00）×（1-20%）=3 440.00（元）

【例5】

朱先生2023年以105.00万元购置了一套房产，2024年9月14日，朱先生准备以119.00万元出售，出售过程中发生合理费用0.80万元。计算朱先生因出售房产取得财产转让所得的应纳税所得额。

应纳税所得额 =119.00-105.00-0.80=13.20（万元）

【例6】

严某是某公司的股东，2024年9月收到公司发放的现金股利共10.00万元。计算严某因获得现金股利所得的应纳税所得额。

分析：个人取得利息、股息和红利所得，直接按每次收入额确定应纳税所得额。

应纳税所得额=100 000.00（元）

【例7】

自然人钱某2024年9月购买彩票中奖1 000.00元，属于偶然所得。计算该项偶然所得的应纳税所得额。

分析：偶然所得的应纳税所得额，按每次收入额确定。

应纳税所得额=1 000.00（元）

7.2.4　员工的年终奖怎么计缴个人所得税

年终奖是企业给予员工一年来的工作业绩的奖励，对员工来说是一种物质奖励。HR要明白，并不是所有企业都会向员工承诺年终奖的发放，同一家企业也有可能只对某一部分员工承诺年终奖。

年终奖也属于员工的工资收入，需要按规定征收个人所得税。那么，年终奖究竟该怎么计缴个人所得税呢？

《财政部 税务总局关于延续实施全年一次性奖金个人所得税政策的公告》（财政部 税务总局公告2023年第30号）规定："为进一步减轻纳税人负担，现将全年一次性奖金个人所得税政策公告如下：

"一、居民个人取得全年一次性奖金，符合《国家税务总局关于调整个人取得全年一次性奖金等计算征收个人所得税方法问题的通知》（国税发〔2005〕9号）规定的，不并入当年综合所得，以全年一次性奖金收入除以12个月得到的数额，按照本公告所附按月换算后的综合所得税率表，确定适用税率和速算扣除数，单独计算纳税。计算公式为：

"应纳税额=全年一次性奖金收入×适用税率−速算扣除数

"二、居民个人取得全年一次性奖金，也可以选择并入当年综合所得计算纳税。

"三、本公告执行至2027年12月31日。"

因此，在规定的期限内，自然人个人一次性取得的年终奖可以不并入当年综合所得，将全年一次性奖金收入除以12个月，以所得数确定适用税率和速算扣除数，单独计算纳税。

在规定的期限以外，比如2028年1月1日，若相关政策不再延续，则取得一次性年终奖，就需要并入当年综合所得，计算缴纳个人所得税，而不再享受单独计税的税收优惠政策。

可能很多HR看到这里还不能很清楚地明白全年一次性年终奖到底怎么计缴个人所得税。下面就通过一个实例来学习。

范例解析 一次性取得的年终奖怎么核算应缴纳的个人所得税

2024年12月，自然人商某因就职于某公司后业绩突出，获得公司发放的一次性年终奖20 000.00元，另外当月工资薪金收入扣除个人缴纳的各类保险和公积金后的余额为8 300.00元。计算商某当月应缴纳的个人所得税税额。

分析：商某当月工资薪金所得扣除个人缴纳的各类保险和公积金后的余额为8 300.00元，高于税法规定的费用扣除额5 000.00元，且超过部分的金额3 300.00元大于3 000.00元，适用第2级个人所得税税率10%，速算扣除数为210。而商某当月获得的一次性年终奖20 000.00元，除以12个月，按其商数1 666.67元确定适用税率为3%，速算扣除数为0。

年终奖的个人所得税应纳税额＝20 000.00×3%=600.00（元）

工资薪金的个人所得税应纳税额＝（8 300.00-5 000.00）×10%-210.00=120.00（元）

2024年12月商某总共需要缴纳个人所得税=600.00+120.00=720.00(元)

如果商某2024年12月获得的一次性年终奖不能享受税收优惠，只能并入当年综合所得计缴个人所得税，且假设商某12月才刚进入公司，没有其他收入，则商某12月获得的扣除个人缴纳的各类保险和公积金后的工资薪金所得8 300.00元就是全年的综合所得。

商某全年综合所得 =8 300.00+20 000.00=28 300.00（元）

由于商某在该公司工作只有一个月，不满一年，综合所得扣除法定扣除费用 5 000.00 元后的余额就是应纳税所得额，即 23 300.00 元，适用于第 1 级别的税率 3%，速算扣除数为 0。

2024 年商某总共需缴纳个人所得税 =23 300.00×3%=699.00（元）

在该案例中，我们为了便于讲解，假定商某 2024 年只有一个月的工资，将一次性年终奖并入综合所得计算出的应交个人所得税税额比不将一次性年终奖并入综合所得计算出的应交个人所得税税额低，是属于比较特殊的情况，实务中这种情况很少出现。

7.3　个人所得税的征收管理

本章前面的内容是帮助 HR 了解个人所得税的相关核算处理，目的是引起 HR 对人力资源成本的重视。本节将介绍关于个人所得税的征收管理规定，帮助 HR 做好企业人力资源管理工作，提高效率，从"办事不走弯路"的层面减少人力资源成本的输出。

7.3.1　个人所得税的纳税地点与纳税期限

如果 HR 知道个人所得税的纳税地点和纳税期限，当员工主动询问相关问题时，就可以顺利为其解答，这也是人力资源管理工作的内容。那么，个人所得税的纳税地点和纳税期限究竟是怎样的呢？

1. 纳税地点

个人所得税的纳税地点会因为个人的情况不同而存在差异，如图 7-5 所示。

图 7-5　个人所得税的纳税地点

1. 在中国境内有任职和受雇单位的，纳税地点为任职和受雇单位所在地主管税务机关

2. 在中国境内有两处或两处以上任职和受雇单位的，可选择并固定向其中一处单位所在地主管税务机关作为纳税地点

3. 在中国境内无任职或受雇单位，年所得项目中有个体工商户的生产经营所得或对企事业单位的承包经营、承租经营所得的，纳税地点为其中一处实际经营所在地的主管税务机关

4. 在中国境内无任职或受雇单位，年所得项目中没有生产经营所得的，纳税地点为纳税人户籍所在地主管税务机关。在中国有户籍，但户籍所在地与中国境内经常居住地不一致的，选择并固定其中一地主管税务机关作为纳税地点。在中国没有户籍的，以在中国境内经常居住地主管税务机关作为纳税地点

5. 其他所得的纳税人，纳税申报地点有其各自的特殊性，详细情况如图 7-6 所示

图 7-5　个人所得税的纳税地点

图 7-6　个人所得税其他所得的纳税地点

1. 纳税人从两处或两处以上取得工资、薪金所得的，选择并固定其中一处单位所在地主管税务机关作为纳税地点

2. 纳税人从中国境外取得所得的，以中国境内户籍所在地主管税务机关作为纳税地点

3. 个体工商户以实际经营所在地主管税务机关作为纳税地点

4. 个人独资、合伙企业投资兴办两个或两个以上企业的，兴办的企业全部是个人独资性质的，分别以各企业的实际经营管理所在地主管税务机关作为纳税地点；兴办的企业中含有合伙性质的，以经常居住地主管税务机关作为纳税地点；兴办的企业中含有合伙性质，且个人投资者经常居住地与其兴办企业的经营管理所在地不一致的，选择并固定其参与兴办的某一合伙企业的经营管理所在地主管税务机关作为纳税地点

5. 除上述情况外，纳税人应以取得所得的所在地主管税务机关作为纳税地点

图 7-6　个人所得税其他所得的纳税地点

纳税人不得随意变更纳税地点，因特殊情况变更纳税申报地点的，须报原主管税务机关备案。

2. 纳税期限

个人所得税的纳税年度自公历1月1日起至12月31日止。

个人所得税的纳税期限会因为纳税人身份及纳税人取得所得的不同而有所不同。

个人所得税的纳税期限与纳税申报和汇算清缴息息相关，相关内容在下一小节介绍。

7.3.2 如何进行个人所得税的纳税申报和汇算清缴

作为企业的HR，可能对"纳税申报"和"汇算清缴"等专业术语不如财务人员熟悉。以下是这两个概念的解析。

1. 纳税申报

纳税申报是指纳税人按照税法规定的期限和内容向税务机关提交有关纳税事项书面报告的法律行为，是纳税人履行纳税义务、承担法律责任的主要依据，是税务机关税收管理信息的主要来源，是税务管理的一项重要制度。

《个人所得税法》第十条的规定："有下列情形之一的，纳税人应当依法办理纳税申报：

"（一）取得综合所得需要办理汇算清缴；

"（二）取得应税所得没有扣缴义务人；

"（三）取得应税所得，扣缴义务人未扣缴税款；

"（四）取得境外所得；

"（五）因移居境外注销中国户籍；

"（六）非居民个人在中国境内从两处以上取得工资、薪金所得；

"（七）国务院规定的其他情形。

"扣缴义务人应当按照国家规定办理全员全额扣缴申报，并向纳税人提供其个人所得和已扣缴税款等信息。"

纳税人、扣缴义务人必须依照法律、行政法规规定或税务机关依法确定的申报期限、申报内容，如实办理纳税申报。其中，纳税人需报送纳税申报表、财务会计报表及税务机关根据实际需要要求纳税人报送的其他纳税资料；扣缴义务人则需如实报送代扣代缴、代收代缴税款报告表及税务机关根据需要要求报送的其他有关资料。

《中华人民共和国税收征收管理法》第二十六条规定："纳税人、扣缴义务人可以直接到税务机关办理纳税申报或者报送代扣代缴、代收代缴税款报告表，也可以按照规定采取邮寄、数据电文或者其他方式办理上述申报、报送事项。"

第二十七条规定："纳税人、扣缴义务人不能按期办理纳税申报或者报送代扣代缴、代收代缴税款报告表的，经税务机关核准，可以延期申报。

"经核准延期办理前款规定的申报、报送事项的，应当在纳税期内按照上期实际缴纳的税额或者税务机关核定的预缴税款，并在核准的延期内办理税款结算。"

2. 汇算清缴

汇算清缴是指所得税和某些其他实行预缴税款办法的税种，在年度终了后的税款汇总结算清缴工作。其中，所得税等税种，通常以纳税人的全年应税收入额为计税依据，在年度终了后，按全年的应税收入额，依据税法规定的税率计算征税，年终汇算清缴时，实行多退少补。而实行分月、分季预缴的税种，一般按照纳税人本月（季度）的计税依据计算应纳税额，而所有月份（季度）的计税依据与全年决算的计税依据往往很难完全一致，因此在年度终了后，必须依据纳税人的财务决算进行汇总计算，清缴税款，对已预缴的税款实行多退少补。

《中华人民共和国个人所得税法实施条例》第二十五条规定："取得综合所得需要办理汇算清缴的情形包括：

"（一）从两处以上取得综合所得，且综合所得年收入额减除专项扣除的余额超过 6 万元；

"（二）取得劳务报酬所得、稿酬所得、特许权使用费所得中一项或者多项所得，且综合所得年收入额减除专项扣除的余额超过 6 万元；

"（三）纳税年度内预缴税额低于应纳税额；

"（四）纳税人申请退税。

"纳税人申请退税，应当提供其在中国境内开设的银行账户，并在汇算清缴地就地办理税款退库。

"汇算清缴的具体办法由国务院税务主管部门制定。"

3. 纳税申报与汇算清缴的其他规定

实务中，HR 可以从笼统的角度同时了解个人所得税的纳税申报与汇算清缴的规定，见表 7-5。

表 7-5　个人所得税的纳税申报和汇算清缴的规定

情　形	规　定
居民个人取得综合所得	按年计算个人所得税；有扣缴义务人的，由扣缴义务人按月或按次预扣预缴税款；需要办理汇算清缴的，应在取得所得的次年 3 月 1 日至 6 月 30 日内办理汇算清缴
居民个人从中国境外取得所得	应在取得所得的次年 3 月 1 日至 6 月 30 日内申报纳税
非居民个人取得工资、薪金所得，劳务报酬所得，稿酬所得，特许权使用费所得	有扣缴义务人的，由扣缴义务人按月或按次代扣代缴税款，不办理汇算清缴

续上表

情　形	规　定
非居民个人在中国境内从两处以上取得工资、薪金所得的	应在取得所得的次月 15 日内申报纳税
纳税人取得经营所得	按年计算个人所得税，由纳税人在月度或季度终了后 15 日内向税务机关报送纳税申报表，并预缴税款；在取得所得的次年 3 月 31 日前办理汇算清缴
纳税人取得利息、股息、红利所得，财产租赁所得，财产转让所得和偶然所得	按月或按次计算个人所得税，有扣缴义务人的，由扣缴义务人按月或按次代扣代缴税款

另外，纳税人取得应税所得没有扣缴义务人的，应在取得所得的次月 15 日内向税务机关报送纳税申报表，并缴纳税款；有扣缴义务人，但扣缴义务人未扣缴税款的，纳税人应在取得所得的次年 6 月 30 日前，缴纳税款；税务机关通知限期缴纳的，纳税人应按照期限缴纳税款。

扣缴义务人每月或每次预扣、代扣的税款，应在次月 15 日内缴入国库，并向税务机关报送扣缴个人所得税申报表。

纳税人因移居境外注销中国户籍的，应当在注销中国户籍前办理税款清算。

纳税人办理汇算清缴退税，或者扣缴义务人为纳税人办理汇算清缴退税的，税务机关审核后，按照国库管理的有关规定办理退税。

而纳税人在税务工作中可能涉及的法律责任，可以通过阅读《个人所得税法》《中华人民共和国税收征收管理法》《中华人民共和国个人所得税法实施条例》等法律、法规的规定进行了解，这里不再一一详述。

第8章
人力资源管理中的财务风险防范

可能有 HR 会问：人力资源管理工作不就是"管人"吗，为什么还会涉及财务风险问题？实际上，财务工作贯穿于整个企业的生产经营过程，人力资源管理也不例外。HR 如何做好自己的本职工作才能防范财务风险呢？本章就来看看与人力资源管理相关的财务风险及其防范措施。

8.1 关于财务风险要知道的事儿

财务风险是企业在财务管理过程中必须面对的一个问题，因为财务风险是客观存在的。HR 要知道的是，企业管理者只能采取有效措施来降低财务风险，不可能完全消除财务风险。

8.1.1 企业经营可能面临的财务风险

什么是财务风险？它实质上是一种使企业遭受经济损失的可能性。其根源是企业在各项财务活动中因为各种难以预料和无法控制的因素，而使企业在一定时期、一定范围内获取的最终财务成果与预期经营目标发生偏差。

企业的财务活动涉及生产经营的方方面面，如筹措资金、长短期投资、支付劳务报酬和分配利润等，这些活动都可能产生风险。

在企业经营过程中，可能面临的财务风险很多，按照风险来源不同，可以将其大致划分为五类，如图 8-1 所示。

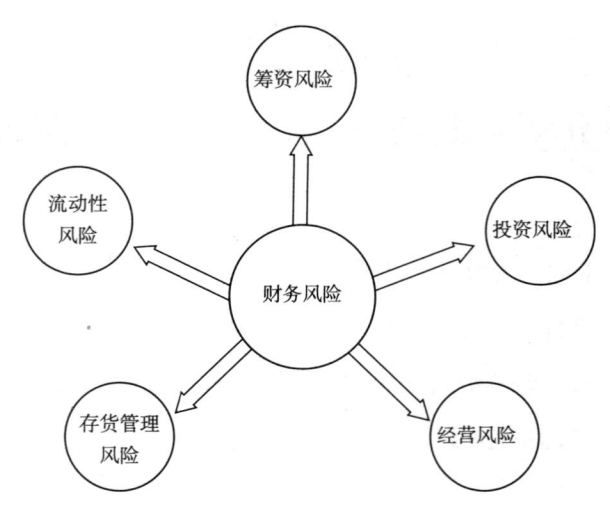

图 8-1 财务风险按照风险来源分类

1. 筹资风险

筹资风险是企业在筹集资金时，由于资金供需市场、宏观经济环境等变化，给财务成果带来的不确定性。

根据筹资风险的来源，可以总结出它具体包含的风险，如图8-2所示。

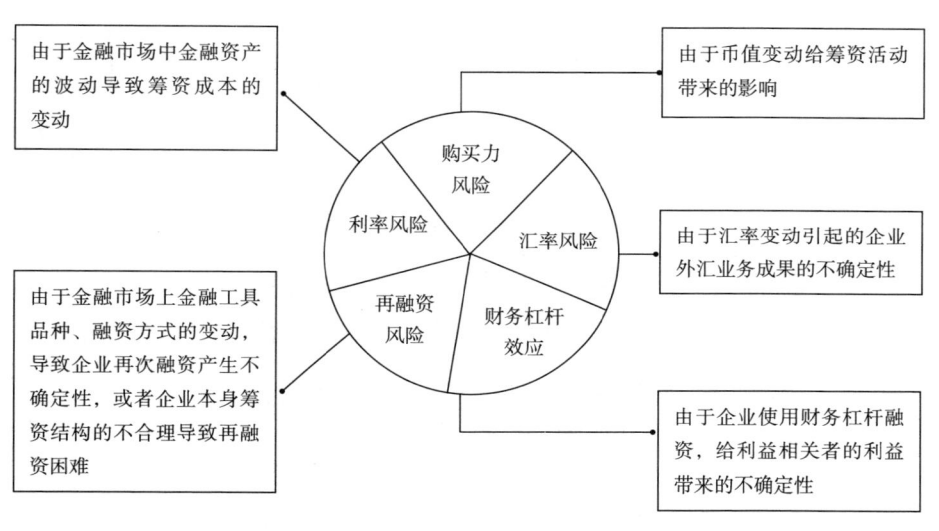

由于金融市场中金融资产的波动导致筹资成本的变动

由于币值变动给筹资活动带来的影响

由于汇率变动引起的企业外汇业务成果的不确定性

由于金融市场上金融工具品种、融资方式的变动，导致企业再次融资产生不确定性，或者企业本身筹资结构的不合理导致再融资困难

由于企业使用财务杠杆融资，给利益相关者的利益带来的不确定性

购买力风险　利率风险　汇率风险　再融资风险　财务杠杆效应

图8-2　筹资风险具体内容

2. 投资风险

投资风险是企业在投入一定资金后，因为市场需求变化而影响企业的最终收益与预期收益偏离的风险。

比如企业投入资金购买了厂房，购置了生产设备，开始生产产品以备出售。但因为市场对相关产品的需求在不断变化，假如需求下降，其他条件和环境不变，则企业出售产品获取的收入就会下降，最终收益与预期收益很可能发生偏离，而发生偏离的可能性就是一种投资风险。

这是企业的内部投资，主要是购建固定资产、无形资产和其他长期资产等。相对地，企业还可能发生对外投资，而对外投资主要有直接投资和证券投资两种形式，如图8-3所示。

```
                    对外投资
                   /        \
              直接投资        证券投资
```

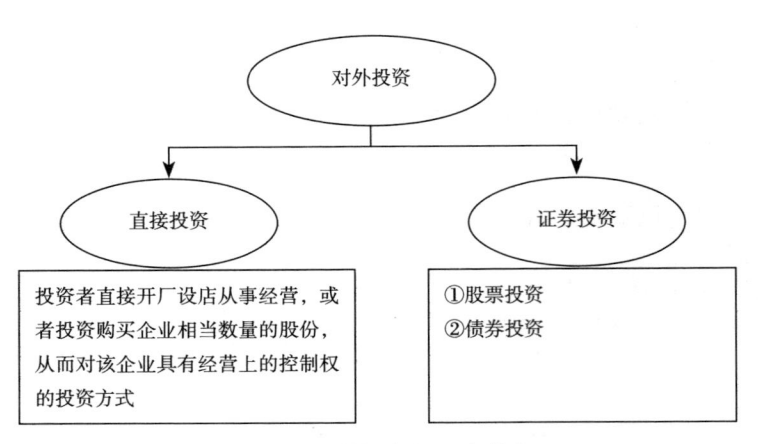

投资者直接开厂设店从事经营，或者投资购买企业相当数量的股份，从而对该企业具有经营上的控制权的投资方式	①股票投资 ②债券投资

图 8-3　对外投资的两种形式

股票投资属于风险共担、利益共享的投资形式。

债券投资与被投资企业的财务活动没有直接关系，只是定期收取固定的利息，面临的主要是被投资企业无力偿还债务的风险。

综合企业投资活动的类型与形式，我们可以总结出投资风险的主要类型，如图8-4所示。

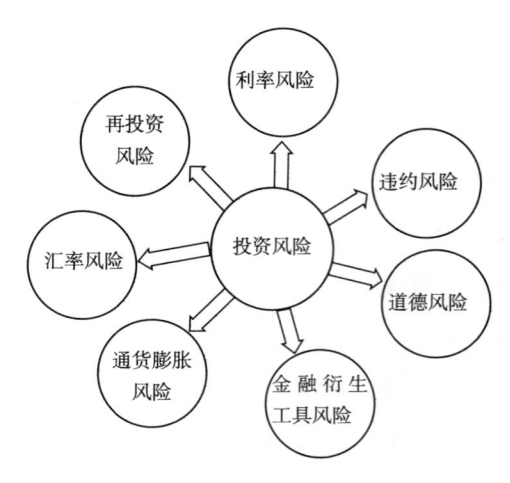

投资风险（中心）辐射出：利率风险、再投资风险、违约风险、汇率风险、道德风险、通货膨胀风险、金融衍生工具风险

图 8-4　投资风险的类型

其中，通货膨胀的波动可能引起利率变化，会使企业的各种投资活动产生的实际收益发生变化，这种可能性就是利率风险。汇率风险主要是企业外汇业务发生时，投资者对外投资的企业属于国外企业，收到投资收益时可能因为汇率变动而导致收益变化。

结合利率风险、汇率风险和通货膨胀风险，就可能导致企业再投资困难，或者使金融衍生工具的投资收益发生变化，进而引起再投资风险或金融衍生工具风险；如果企业进行的是债券投资，则可能导致被投资企业无法偿还利息或债券面值，从而引起道德风险和违约风险。

3. 经营风险

经营风险也叫营业风险，是企业在生产过程中，供、产、销各个环节不确定性因素的影响导致企业资金运动迟滞，从而使企业价值发生变动。

根据经营风险的来源，可以总结出它具体包含的风险，如图8-5所示。

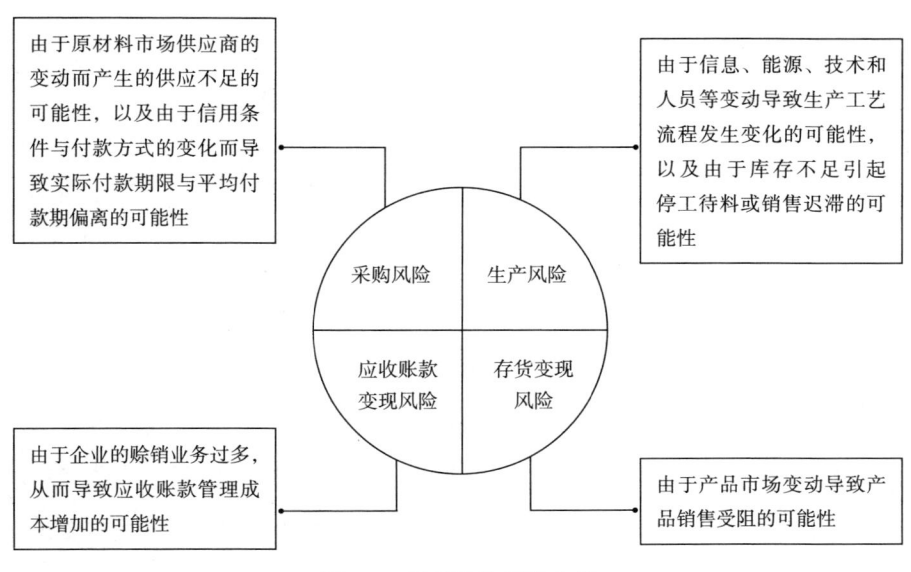

图8-5 经营风险具体内容

4. 存货管理风险

存货管理风险主要是在企业存货管理工作中产生的。

存货管理风险主要体现在两个方面：一是企业的存货过多，导致产品积压甚至滞销，从而过多占用企业的资金，使企业存在资金周转不开的可能性；二是存货过少，原材料供应不及时，进而发生停工待料的情况，影响企业的正常生产，严重时造成对客户的违约，使企业面临信誉受损的可能性。

5. 流动性风险

流动性风险是企业的资金不能正常或确定地转变成现金，或者企业的债务和付现责任不能正常履行的可能性。鉴于此，可以将企业的流动性风险划分为价值转换风险和偿付能力风险两类，如图8-6所示。

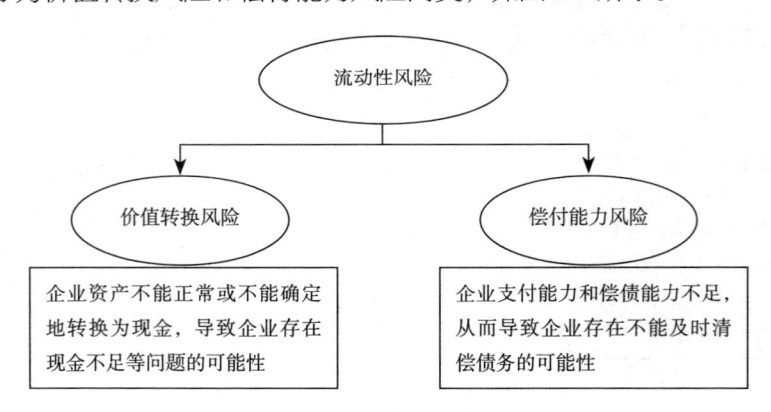

图8-6 流动性风险具体内容

综上所述，可能还有HR依旧觉得财务风险与人力资源管理"毫不沾边"。事实上，只要企业的财务风险涉及运营资金，就会对人力资源管理工作产生影响。比如资金不足，可能叫停正在开展的招聘工作，或者可能暂停企业的涨薪计划，又或者减少企业的职工培训费支出、教育经费支出，还可能迫使企业裁减员工或进行岗位调整等。

相反，如果企业的人力资源管理工作出现大的变动，就会给企业带来相应的财务风险。比如，企业因拓展业务的需求，需要另外聘用一批员工，此时就会明显增加企业的人力资源成本，而人力资源成本也可以看成是企业的投资活动，只不过投资的对象为"人才"，此时就可能造成企业资金紧张，从而引发流动性风险。

所以，HR 要有"人力资源与财务风险有着千丝万缕的联系"这一财务思维，这样才能在人力资源管理工作中更谨慎行事。

8.1.2 形成财务风险一定有原因

企业在生产经营过程中存在财务风险，原因有很多，但可以总结为如下四点。

1. 企业财务管理的宏观环境复杂

企业财务管理的宏观环境复杂，是产生财务风险的外部原因。

企业财务管理的宏观环境复杂多变，这是客观存在的，而企业的管理系统能否适应复杂多变的宏观环境，是企业是否产生财务风险的关键。

如果企业的管理系统不能适应复杂多变的宏观环境，就会使企业存在财务活动出现问题的可能性，这就是财务风险。反之，如果企业的管理系统能很好地适应复杂多变的宏观环境，企业财务活动出现问题的可能性微乎其微，也就没有财务风险一说，或者说财务风险极低。

> **知识扩展** 财务管理宏观环境的主要构成因素
>
> 财务管理的宏观环境包括经济环境、法律环境、市场环境、社会文化环境和资源环境等因素。这些因素属于外部环境因素，但会对企业财务管理产生重大影响。

2. 企业财务管理人员对财务风险的客观认识不足

财务风险是客观存在的，只要企业经营过程中有财务活动，就必然存在财务风险。

然而，现实工作中，很多企业财务管理人员都缺乏财务风险意识，导致无法协助企业做好财务风险防范工作。

另外，企业经营活动必然存在财务活动，因此财务风险避无可避。如果财务管理人员缺乏对财务风险的客观认识，就会错误地认为企业有可能不存在财务风险，一旦财务风险发生，就可能因为无法及时采取有效措施而使企业遭受经济损失，甚至有时损失可能非常大。

3. 财务决策缺乏科学性

企业作出的财务决策如果缺乏科学性，就可能导致财务决策失误，从而使企业存在遭受损失的风险。这说明企业财务决策缺乏科学性，是产生财务风险的原因之一。

4. 企业内部财务关系不明

当企业与内部各部门之间及与上级企业之间，在资金管理和使用、利润分配等方面存在权责不明、管理不力等现象时，就可能造成企业的资金使用率低下，严重时可能导致利益流失，使企业存在资金安全性和完整性无法得到保障的可能，从而产生财务风险。

财务风险的这一产生原因主要存在于一些上市公司的财务关系中，包括很多集团公司中的母公司和子公司的财务关系。

> **知识扩展** 什么是财务关系
>
> 企业财务关系指企业在组织财务活动过程中与有关各方面发生的经济利益关系。虽然财务活动表面上看是钱和物的增减变动，但实际上钱与物的增减变动离不开人与人之间的经济利益关系。

8.1.3 管理人员常用的防范财务风险的方法

企业管理人员如何为企业做好财务风险防范呢？常用的方法有分散、降低、转移和回避。

1. 分散财务风险

企业如果存在联营企业，或者自身开展多种经营，又或者自身的对外投资呈现多元化，就可以使用风险分散方法，如图 8-7 所示。

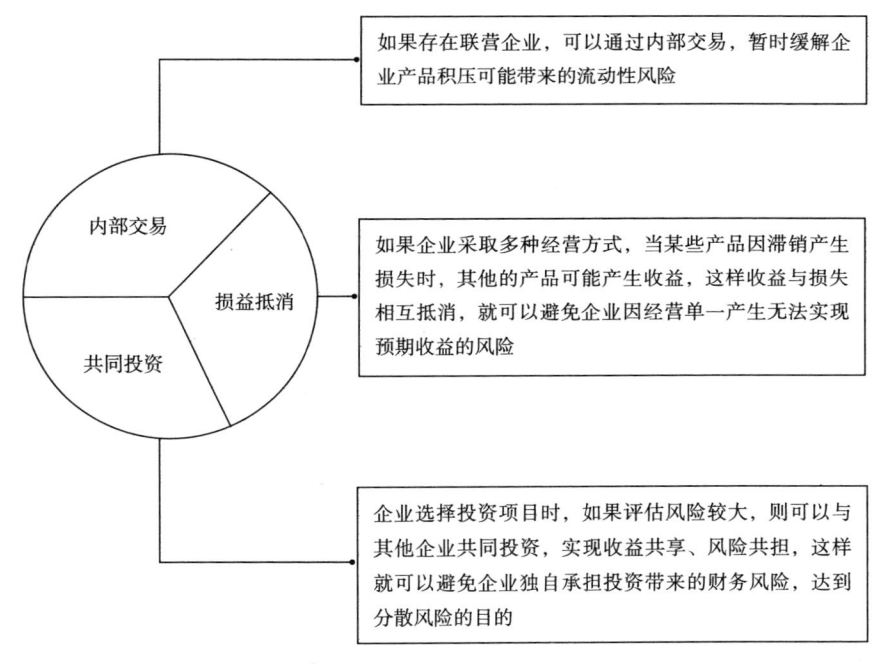

图 8-7 财务风险的分散法

2. 降低财务风险

企业降低财务风险，主要从增强自身的偿债能力、提高生产供应能力及建立健全管理系统和制度入手。相关方法如图 8-8 所示。

```
┌─ 1 ─────────────────────────┐      ┌─ 2 ──────────────────────────┐
│ 企业可以在保证资金需求的前提│      │ 通过提高产品质量、改进产品设计│
│ 下，适当降低债权资本，减少负│      │ 及努力开发新产品并开拓新市场  │
│ 债资金占企业全部资金的比例， │      │ 等，提高产品的市场竞争力，避免│
│ 增强企业偿付债务的能力，降低│      │ 产品滞销而产生不能实现预期收益│
│ 流动性风险和筹资风险         │      │ 的财务风险。注意，这些方法的运│
│                             │      │ 用可能需要企业投入大量资金，又│
│                             │      │ 可能引发流动性风险，所以要慎重│
└─────────────────────────────┘      └──────────────────────────────┘

┌─ 3 ─────────────────────────┐      ┌─ 4 ──────────────────────────┐
│ 建立健全财务风险管控系统，以│      │ 综合考量企业现有资金与未来财务│
│ 便及时发现并化解财务风险。比│      │ 收支状况，选择使资金成本率最低│
│ 如，对长期负债建立风险基金， │      │ 或尽可能低的筹资组合，以达到可│
│ 以保证企业流动资金缺乏时有资│      │ 以动态平衡短期、中期和长期负债│
│ 金用来偿付长期负债，减少因偿│      │ 水平的效果，使资金使用率提高， │
│ 还债务后资金不足影响生产经营│      │ 降低财务风险                  │
│ 活动的可能性。也可以建立健全│      └──────────────────────────────┘
│ 财务风险管理制度，规范财务管│
│ 理行为，减少财务舞弊，降低财│
│ 务风险                       │
└─────────────────────────────┘
```

图 8-8　降低财务风险的方法

3. 转移财务风险

企业可以利用一些合法、合理的手段，将某些或全部财务风险转移给其他方承担。那么怎么转移呢？主要有如下两种方法。

a. 利用保险转移法。企业通过购买财产保险，将因为财务风险遭受的经济损失转移给保险公司承担，这样最终承担财务风险的实际上是保险公司，企业就达到了转移财务风险的目的。

b. 专人专事法。专人专事法是企业将一些可能引起财务风险的特殊业务交给具有丰富经验和工作技能的人员或企业去完成，将财务风险转移给这些人员或企业。而且，在转移的过程中，这些人员或企业所需承担的财务风险，要比转移前企业承担的风险低，因为他们针对特殊的服务有专门的技术和技能。

比如，企业拟自行研发一套管理系统，但没有相关人才储备，一旦交给企业的人研发，企业很可能面临投入资金收不回来的财务风险。因此，企业可以将该项目交给其他专业的软件或系统研发企业，并要求研发企业按约定交付成果并达成预期目标，这样一来，研发失败造成资金浪费的财务风险将在很大程度上转移给研发企业。为什么不是全部呢？因为企业请外部研发企业负责研发，可能需要高价合作，如果研发企业研究失败，即达不到企业的要求，企业还可能获得赔偿，这样，企业就只承担一小部分风险。

4. 回避财务风险

企业回避财务风险主要是指企业在开展筹资、投资或经营前，就通过方案的制订与评估，确定可能产生的财务风险，然后在保证实现财务管理目标的前提下，回避那些有财务风险或财务风险较大的方案，而选择财务风险较小的方案，以此达到回避财务风险的效果。

比如，企业如果在对各种投资方案进行比较评估后，发现债权性投资能够帮助企业实现预期投资收益，那么就尽可能选择债权性投资，因为债权性投资的风险通常小于股权性投资的风险。可能有 HR 会反问：权益性投资可能会给企业带来更多投资收益，为什么不选呢？确实是这样，但是，仅从防范财务风险的角度来考虑，企业就不能盲目地进行有更高收益回报的股权性投资。当然，如果综合考量投资的风险和收益情况，企业就不能盲目地拒绝股权性投资了。

除此以外，企业还有一些化解财务风险的措施可供使用，具体要如何化解来看下面小节的内容。

8.1.4 企业化解财务风险的常用措施

其实，化解财务风险包括事前防范和事中解决。HR 可以从财务风险类型的角度了解企业化解财务风险的常用措施。

1. 化解筹资风险的措施

当企业的经营活动发生资金不足的困难时，如果全部通过发行股票来筹资，则可能削弱企业对自身的控制；如果全部通过发行债券或银行借款来筹资，又可能面临到期无法偿还借款的风险。

为了化解这类筹资风险，企业可以采取发行股票、发行债券或银行借款等组合方式来筹集资金，这样可以分散和降低单一筹资方式产生的财务风险。

2. 化解投资风险的措施

化解企业的投资风险，主要通过控制投资期限和投资品种来完成。

通常，投资期越长，资金收不回来的风险越大。对应地，企业可以尽可能选择投资周期较短的短期投资。

针对投资品种，如果企业只对某一个投资品种投入大量资金，则一旦该投资品种亏损，企业就会面临重大经济损失。为了减少财务风险，企业可以进行分散投资，比如进行股票投资时，可以选择若干只不同类型的股票组成投资组合，通过组合中风险相互抵消的原则来降低风险。

3. 化解经营风险的措施

在经营过程中其他因素不变的情况下，只要市场对企业产品的需求是稳定的，那么企业未来的经营收益就会越稳定，则未来收益与预期收益发生偏离的可能性就会越小，相应的财务风险也就越小。

那么，企业应如何保证市场对本企业生产产品的需求稳定性呢？这就要依赖于企业在决定生产某种产品前的市场调研工作，通过市场调研和数据分析，帮助企业找到适销对路的产品并投入生产，这样就能迎合市场需求，从而降低市场需求不稳定带来的经营风险。

4. 化解流动性风险的措施

化解企业的流动性风险，主要思路是保证资产流动性，同时实现利益最大化。那么如何才能既保证资产流动性，又能实现利益最大化呢？

a. 确定最佳现金持有量，防止流动资金闲置给企业带来高额的资金成本风险，同时也防止流动资金短缺给企业带来资金链断裂的风险。

b. 确定最佳库存量，防止库存过少给企业带来生产停产、人力资源成本增高的风险，同时也防止库存过多给企业带来存货积压、收不回资金的财务风险。

c. 加快应收账款的回收，防止应收账款过多或应收账款信用期过长给企业带来的坏账损失风险。

5. 化解汇率风险的措施

企业化解汇率风险，主要可以针对外币业务制定相应的措施。

a. 选择合适的合同货币。在很多对外贸易和借贷等经济交易中，选择哪种货币作为计量货币直接关系到交易主体是否将要承担汇率风险。而要规避汇率风险，企业应尽量选择使用本国货币作为合同的计量货币，在出口和资本输出时使用硬通货，在进口、资本输入时使用软通货。甚至企业还可以在合同中加列保值条款，当然，这些都需要与交易对方协商确定，协商不一致而无法确定的，也只能采用其他办法规避或降低汇率风险。

b. 在金融市场进行保值操作。具体方法有现汇交易、期货交易、期汇交易、期权交易、借款与投资、利率/货币互换及外币票据贴现等。

c. 实行资产负债表保值策略。这种方法主要针对企业在资产负债表会计处理过程中产生的折算风险。使用该方法时,要求在资产负债表上以各种功能货币表示的受险资产与受险负债的数额相等,这样才能使折算风险头寸为零,汇率变动才不会导致折算损失。

d. 多样化经营。企业在全球范围内分散布局自己的销售网络、生产基地和原材料供应链,通过国际经营的多元化,在汇率波动时,企业可以比较不同地区生产、销售和成本的变化趋势,从而择优选择生产地、销售地和原材料来源地。

e. 财务多样化。企业通过在多个金融市场以多种货币寻求资金来源和资金去向,实行筹资多样化和投资多样化。这样一来,在有的外币贬值而有的外币升值的情况下,企业可以使大部分外汇风险相互抵消,进而达到化解汇率风险的目的。

8.2 人力资源方面会引发的财务风险

知道了这么多关于财务风险的知识后,我们不禁思考:人力资源管理到底可能引发怎样的财务风险呢?这是 HR 必须要掌握的重要内容,唯有如此,HR 才能在工作中时时留意,协助企业做好财务风险防范。

8.2.1 劳动合同不规范可能引发经济纠纷

HR 要知道,规范的劳动合同应当具备以下九个条款。

- ◆ 用人单位的名称、住所和法定代表人或主要负责人。
- ◆ 劳动者的姓名、住址和居民身份证或其他有效身份证件号码。
- ◆ 劳动合同期限。

- ◆ 工作内容和工作地点。
- ◆ 工作时间和休息休假。
- ◆ 劳动报酬。
- ◆ 社会保险。
- ◆ 劳动保护、劳动条件和职业危害防护。
- ◆ 法律、法规规定应当纳入劳动合同的其他事项。

除前面的必备条款外，用人单位与劳动者可以约定试用期、培训、保守秘密、补充保险和福利待遇等其他事项。

HR还要有这样的思维：就算劳动合同具备了上述必备条款，也不能百分百保证劳动合同是规范的，因此，HR还需要单独了解哪些情况属于不规范劳动合同。

事实上，不符合法律规定的劳动合同都是不规范的，而不规范的劳动合同很可能是无效合同。下面我们来看看哪些是不符合法律规定的劳动合同，以及可能引起什么样的法律纠纷。

1. 劳动合同不符合法律规定的情形

《劳动合同法》第二十六条规定："下列劳动合同无效或者部分无效：

"（一）以欺诈、胁迫的手段或者乘人之危，使对方在违背真实意思的情况下订立或者变更劳动合同的；

"（二）用人单位免除自己的法定责任、排除劳动者权利的；

"（三）违反法律、行政法规强制性规定的。

"对劳动合同的无效或者部分无效有争议的，由劳动争议仲裁机构或者人民法院确认。"

第二十七条规定："劳动合同部分无效，不影响其他部分效力的，其他部分仍然有效。"

除此以外，劳动合同不成立的情形还有图 8-9 所示的一些。

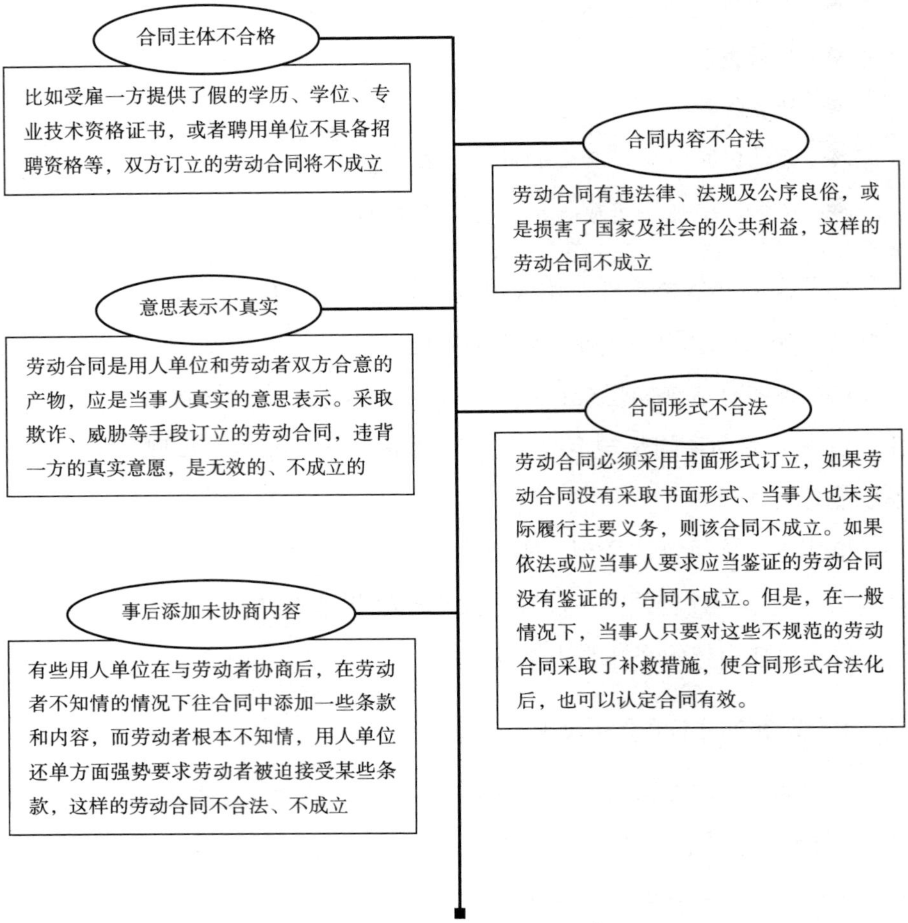

合同主体不合格
比如受雇一方提供了假的学历、学位、专业技术资格证书，或者聘用单位不具备招聘资格等，双方订立的劳动合同将不成立

合同内容不合法
劳动合同有违法律、法规及公序良俗，或是损害了国家及社会的公共利益，这样的劳动合同不成立

意思表示不真实
劳动合同是用人单位和劳动者双方合意的产物，应是当事人真实的意思表示。采取欺诈、威胁等手段订立的劳动合同，违背一方的真实意愿，是无效的、不成立的

合同形式不合法
劳动合同必须采用书面形式订立，如果劳动合同没有采取书面形式、当事人也未实际履行主要义务，则该合同不成立。如果依法或应当事人要求应当鉴证的劳动合同没有鉴证的，合同不成立。但是，在一般情况下，当事人只要对这些不规范的劳动合同采取了补救措施，使合同形式合法化后，也可以认定合同有效。

事后添加未协商内容
有些用人单位在与劳动者协商后，在劳动者不知情的情况下往合同中添加一些条款和内容，而劳动者根本不知情，用人单位还单方面强势要求劳动者被迫接受某些条款，这样的劳动合同不合法、不成立

图 8-9 劳动合同不成立的其他情形

通常，不规范的劳动合同如果对企业不利，就很可能使企业的人力资源成本增加。因此，HR 很有必要了解一些不规范劳动合同可能给企业带来的经济纠纷和不利影响，同时掌握处理这些纠纷和不利影响的措施。

2. 不规范劳动合同可能引起的纠纷

《劳动合同法》第八十一条的规定："用人单位提供的劳动合同文本未载明本法规定的劳动合同必备条款或者用人单位未将劳动合同文本交付劳动者的，由劳动行政部门责令改正；给劳动者造成损害的，应承担赔偿责任。"

由此可见，如果用人单位提供的劳动合同出现上述情形，且对劳动者造成了损害，比如用人单位不具备合法经营资格，但在与劳动者签订劳动合同时进行隐瞒，给劳动者造成损害的，劳动者就可以要求用人单位进行赔偿。这是劳动者的权利，如果用人单位拒绝执行，双方就可能产生经济纠纷，严重时还会诉诸法律。

《劳动合同法》第八十二条规定："用人单位自用工之日起超过一个月不满一年未与劳动者订立书面劳动合同的，应当向劳动者每月支付二倍的工资。

"用人单位违反本法规定不与劳动者订立无固定期限劳动合同的，自应当订立无固定期限劳动合同之日起向劳动者每月支付二倍的工资。"

也就是说，当用人单位订立劳动合同不及时，即劳动合同订立时间不规范，就可能被劳动者要求每月支付二倍工资。又或者，用人单位违反《劳动合同法》第十四条的规定，不与劳动者订立无固定期限劳动合同的，劳动者也有权要求用人单位自应当订立无固定期限劳动合同之日起每月向其支付二倍的工资。这些也是劳动者的权利，如果用人单位拒绝执行，双方也会因此产生经济纠纷。

《劳动合同法》第八十三条规定："用人单位违反本法规定与劳动者约定试用期的，由劳动行政部门责令改正；违法约定的试用期已经履行的，由用人单位以劳动者试用期满月工资为标准，按已经履行的超过法定试用期的期间向劳动者支付赔偿金。"

所以，如果用人单位与劳动者签订的劳动合同中约定试用期为6个月，但双方签订的劳动合同期限为一年以上不满三年，而法律规定该情形下试用期不得超过两个月，此时就属于用人单位违反《劳动合同法》关于试用期约定的规定。在此情况下，劳动者有权要求用人单位按照规定支付赔偿金。若用人单位拒绝执行的，双方就会产生劳动纠纷。

> **知识扩展** 关于劳动合同试用期的规定
>
> 《劳动合同法》第十九条规定："劳动合同期限三个月以上不满一年的，试用期不得超过一个月；劳动合同期限一年以上不满三年的，试用期不得超过二个月；三年以上固定期限和无固定期限的劳动合同，试用期不得超过六个月。
>
> "同一用人单位与同一劳动者只能约定一次试用期。
>
> "以完成一定工作任务为期限的劳动合同或者劳动合同期限不满三个月的，不得约定试用期。
>
> "试用期包含在劳动合同期限内。劳动合同仅约定试用期的，试用期不成立，该期限为劳动合同期限。"

根据《劳动合同法》第十七条的规定可知，劳动合同应当具备九项条款，其中就有劳动报酬。如果用人单位与劳动者约定了试用期，这里的劳动报酬还包括试用期的劳动报酬标准。再结合《劳动合同法》第二十条的规定："劳动者在试用期的工资不得低于本单位相同岗位最低档工资或者劳动合同约定工资的百分之八十，并不得低于用人单位所在地的最低工资标准。"

如果用人单位以低于当地最低工资标准支付劳动者工资，或者未按照劳动合同的约定或国家规定及时足额支付劳动者劳动报酬的，用人单位会被劳动者行政部门责令限期支付劳动报酬、加班费或经济补偿；劳动报酬低于当地最低工资标准的，应当支付劳动者差额部分；逾期不支付的，用人单位会被责令按应付金额50%以上100%以下的标准向劳动者加付赔偿金。也就是说，如果用人单位不按照规定向劳动者支付试用期工资，劳动者有权要求用人单位支付差额部分，或者要求加付赔偿金。如果用人单位拒绝执行，双方就会产生劳动纠纷。

《劳动合同法》第九十一条规定："用人单位招用与其他用人单位尚未解除或者终止劳动合同的劳动者，给其他用人单位造成损失的，应当承担连带赔偿责任。"

如果用人单位在与劳动者签订劳动合同时，没有尽到调查职责，或者劳动者刻意隐瞒，导致用人单位不知道劳动者尚未与其他单位解除或终止劳动合同，又或者用人单位明知道却假装不知道，由此给其他用人单位造成损失的，用人单位需要承担连带赔偿责任。此时用人单位如果辩称不是自己的责任而拒绝承担连带赔偿责任的，就会与劳动者及其他用人单位产生纠纷。

劳动合同不规范产生经济纠纷的情形还有很多，这里不再一一列举，只要用人单位牢记与劳动者签订规范的劳动合同，这样就可以规避很多劳动纠纷。

为了更好地理解劳动合同不规范可能产生的纠纷，我们可以通过一些实例进行了解。

范例解析 保险公司劳动合同签订不规范引发的纠纷

赵某从甲财产保险股份有限公司A市分公司跳槽到乙财产保险股份有限公司在A市的分公司，赵某在甲公司负责的20笔保单退保。甲公司以赵某尚未与其解约就跳槽，导致大规模退保为由，把赵某和乙公司告上A市劳动仲裁法庭。

仲裁法庭判决赵某及乙公司败诉，承担违约责任，支付赔偿金。仲裁法庭还认定，赵某离职后承揽的20笔保单退保，给甲公司造成直接损失××元。

第二年初，乙公司和赵某向A市某区人民法院提起诉讼，要求撤销A

市劳动仲裁法庭做的裁决书，他们认为，是甲公司违约在先。

据了解，赵某2021年与乙公司签订劳动合同，赵某认为2022年甲公司多次不按合同约定（按月）支付工资报酬，赵某据此认为甲公司违约。2022年8月，赵某口头通知甲公司当时的负责人，要求解除劳动合同，公司当年9月后就没有向赵某支付工资，而赵某用的车和住房也都被甲公司收回。赵某到乙公司应聘时提交的承诺书写明："此前已与原单位解除劳动合同，与原单位无合同纠纷。"因此，乙公司认为他们招聘中没有过错，原裁决书要求他们承担甲公司直接经济损失是不对的。

而甲公司认为：赵某当时提出解除劳动合同只是口头上的，解除劳动合同必须要有书面材料，因此认为赵某有过错。

一位保险公司业内人员指出，这起纠纷背后的实质，是保险业的劳动合同签署不规范，执行过程中存在问题。他的分析如下。

赵某与甲公司签订的劳动合同属于内勤代理合同，赵某属于公司高级主管，取得的是固定工资，不是像签订外勤合同那样拿提成工资。也就是说，赵某手中应该是有一定的客户资源的，甲公司与赵某签订的合同应该是年薪制的代理合同，如果赵某跳槽，将对原公司形成非常大的影响。

如果赵某从甲公司离职，必然会带走甲公司给赵某的客户资源。但对于客户来说，他把代理权交给了赵某，就不会在乎赵某在哪里任职或办理业务，赵某去了乙公司，客户可能还以为自己的保险在甲公司，而无论是在甲公司还是在乙公司，只要客户能得到自己的利益，对合作主体并无特别偏好。

8.2.2 不规范操作蕴藏的财务问题

从防范财务风险的角度，HR还需要知道自己的哪些不规范操作蕴藏财务问题。

1. 试用期随意解除员工

《劳动合同法》第二十一条规定:"在试用期中,除劳动者有本法第三十九条和第四十条第一项、第二项规定的情形外,用人单位不得解除劳动合同。用人单位在试用期解除劳动合同的,应当向劳动者说明理由。"

范例解析 员工试用期 HR 随意解除劳动合同带来的问题

孙某刚到 A 公司任职一个月,业务部门的主管就认为他不能胜任岗位工作,要求 HR 辞退孙某。由于孙某当前正处于试用期,HR 就以孙某不符合录用条件为由,解除与孙某的劳动关系。

但是在后期的劳动争议中,A 公司并没有胜诉,原因是该公司没有办法证明员工不符合录用条件。

在该案例中,A 公司涉嫌违反《劳动合同法》第二十一条的规定。如果 A 公司 HR 不以"不符合录用条件"为由与孙某解除劳动合同,而是以"孙某不能胜任岗位工作"为由与孙某解除劳动合同,此时该公司也可能败诉。为什么呢?因为如果公司按照不能胜任岗位工作为由辞退试用期内的孙某,需要先安排孙某参加岗位培训或调岗,经过培训或调岗后孙某仍然无法胜任岗位工作的,才能做辞退处理,同时公司需要提前一个月通知或额外支付一个月的工资,并支付经济补偿金。

如此一来,HR 在员工试用期中随意与员工解除劳动合同,不仅要遭受给付诉讼费的损失,还很可能需要向被辞退员工支付额外工资或经济补偿金,进一步加大经济损失,增加人力资源成本。

2. 拖延办理离职员工的离职手续

《劳动合同法》第八十九条规定:"用人单位违反本法规定未向劳动者出具解除或者终止劳动合同的书面证明,由劳动行政部门责令改正;给劳动者造成损害的,应当承担赔偿责任。"

范例解析 公司开除员工却没有提供离职证明也需要承担赔偿责任

某公司员工周某因在公司内部打架，HR上报公司领导后，被公司以严重违纪为由开除。但公司却以周某没有做工作交接为由，扣留了周某最后一个月的工资，最后一个月也没有给周某缴纳社保和住房公积金；同时，也没有向周某提供离职证明，而是要求周某在做了工作交接后才能提供离职证明。

最后，法院判决公司立即向周某支付最后一个月的工资，同时为周某补缴最后一个月的社保和住房公积金，还需要向周某支付因延期缴纳社保和住房公积金造成的损失。

在该案例中，该公司涉嫌违反《劳动合同法》第八十九条的规定。无论员工因什么原因离职，公司都有义务在员工离职时向员工出具解除、终止劳动合同的证明，并在员工离职之日起15日内，为员工办理社会保险、住房公积金和档案等关系的转移手续。

需要注意的是，员工的交接义务和公司的离职手续办理义务虽然都发生在员工离职时，但员工的工作交接与他的离职手续之间并不存在先后顺序关系。因此，该案例中，HR不能以周某尚未办理工作交接为由拒绝提供离职证明。而且，周某最后一个月依然在公司上班，公司有义务为其缴纳社保和住房公积金，也不能因为没有进行工作交接而不给周某缴纳社保和住房公积金。

由此一来，公司不但需要立即向周某支付最后一个月的工资，还要为周某补缴最后一个月的社保和住房公积金，同时还需要承担延期缴纳社保和住房公积金的损失。对公司来说，遭受了不必要的经济损失，人力资源成本也增加了。当月公司财务人员需要增加应付职工薪酬和相关费用的发生额，由此又会影响公司当期获得的经营利润，从而引发一系列财务问题。

可能有的HR会问：如果因为周某不按时进行工作交接就向其提供了离职证明，给公司带来了经济损失怎么办？

其实，HR 对此担忧也不无道理。如果公司因为周某不按要求办理工作交接，给公司造成损失的，公司可以要求员工赔偿。但这并不影响公司向周某提供离职证明，两件事情可分别处理。

3. 劳动合同期满不与员工及时续签

《劳动合同法》第八十二条规定："用人单位自用工之日起超过一个月不满一年未与劳动者订立书面劳动合同的，应当向劳动者每月支付二倍的工资……"

范例解析 员工劳动合同期满公司不及时与其续签导致的问题

2022 年 9 月 30 日，吴某与公司签订的劳动合同到期，但双方因为薪资问题没有协商好，导致延误了续签合同的时间。

2022 年 11 月 1 日，双方才就薪资问题协商一致，并续签了劳动合同，期限为 2022 年 11 月 1 日至 2024 年 10 月 31 日。

随后，吴某认为公司应就其 2022 年 10 月的工资标准，向自己支付两倍的工资。公司拒绝支付，吴某遂提起诉讼。

最后，法院判决，公司向吴某支付 10 月的两倍工资。理由是：公司与吴某未按时续签劳动合同，导致中间间隔一个月才签订劳动合同，而吴某在 2022 年 10 月确实向公司提供了劳务，这就符合《劳动合同法》第八十二条的规定，应向吴某支付 10 月的两倍工资。

在该案例中，公司涉嫌违反《劳动合同法》第八十二条的规定。根据相关法律、法规的规定，劳动合同到期前，用人单位决定续签的，应在原劳动合同到期前完成续签手续。如果发生用人单位和劳动者双方就续签事项协商不一致的情况时，应果断在劳动合同到期前决定不续签，否则就容易造成事实劳动关系，致使公司付出额外的人力资源成本支出。

由此一来，企业与员工未及时续签劳动合同，逾期续签的，企业将承担支付员工两倍工资的风险。

4. 试用期不为员工缴纳社保

《劳动合同法》第三十八条规定："用人单位有下列情形之一的，劳动者可以解除劳动合同⋯⋯"

"（三）未依法为劳动者缴纳社会保险费的⋯⋯"

《劳动合同法》第十九条规定："⋯⋯试用期包含在劳动合同期限内。劳动合同仅约定试用期的，试用期不成立，该期限为劳动合同期限。"

范例解析 公司试用期不给员工缴纳社保带来的问题

2022年9月初，郑某受聘于某家公司任职，双方在签订劳动合同时约定试用期不缴纳社保。当时郑某也没觉得有什么问题，双方就达成一致签订了劳动合同。

2022年10月，郑某从同学那里得知了《劳动合同法》有关试用期社保缴纳的规定，于是要求公司为自己补缴9月的社保。公司以当初签订劳动合同时协商一致试用期不缴纳社保为由，拒绝为郑某补缴9月的社保。于是郑某向法院提起诉讼。

最后，法院判定公司为郑某补缴9月的社保，同时承担因延迟缴纳社保遭受的损失。理由是：虽然双方在签订劳动合同时约定了试用期不缴纳社保，但是根据《劳动合同法》第十九条的规定，公司需要为郑某补缴社保。

在该案例中，公司涉嫌违反《劳动合同法》第三十八条第三款和第十九条的规定。试用期属于劳动合同期限的一部分，因此公司应当依法为员工缴纳社会保险。

对企业来说，试用期不为员工缴纳社保的风险主要是：试用期内员工如果发生工伤，因为员工没有办理社保，所以无法享受工伤保险待遇。而这部分损失就将转移到企业身上，由企业承担员工所有的工伤事故损害赔偿和补偿。同时，员工可以依据公司违反《劳动合同法》第三十八条第三款的规定，向公司提出解除劳动合同的要求，并要求公司承担经济补偿。

由此一来，公司会面临为员工补缴社保带来的人力资源成本增加问题，也可能面临员工离职出现的岗位空缺隐性成本的增加，甚至面临向员工支付经济补偿金的经济损失。

5. 员工入职时要求缴纳工作服押金

《劳动合同法》第九条规定："用人单位招用劳动者，不得扣押劳动者的居民身份证和其他证件，不得要求劳动者提供担保或者以其他名义向劳动者收取财物。"

范例解析 入职时公司向员工收取工作服押金是违法行为

王某是一名食品生产工人，2022年8月底从原公司离职，9月初就入职了现在的公司。王某在办理入职手续时，被HR要求交纳工作服押金。王某当时也没有多想，直接向公司交纳了工作服押金。

随后，王某从朋友处得知公司要求交纳工作服押金的做法是错的，于是要求公司立即归还自己交纳的押金。但公司以各种理由迟迟不归还王某交纳的工作服押金，王某没办法，只好向仲裁庭提起仲裁。

最终，仲裁庭裁定公司向王某返还交纳的工作服押金。

在该案例中，公司涉嫌违反《劳动合同法》第九条的规定。虽然公司要求员工交纳工作服押金可以在一定程度上约束员工妥善保管工作服，但这种做法确实不合法，公司应避免这样的违法行为发生。

这样一来，公司依然需要向员工返还交纳的工作服押金，为此还与员工闹得不愉快，很可能影响公司与劳动者之间的合作关系。公司不仅可能失去一位员工，还可能引起其他员工要求返还押金的"热潮"。而公司返还员工交纳的工作服押金时，需要财务人员进行相应的账务处理，引起账目调整的财务问题。

公司HR在工作中操作不规范引发财务问题的常见情形就介绍到此，还有一些操作不规范的情形不再一一列举。总之，公司HR行事一定要以《劳动合同法》的规定为标准。

8.2.3 凭证使用不正确会导致财务核算出错

企业人力资源部门的 HR 在日常工作中也难免会收到一些发票或原始单据，这些凭证几乎都会成为企业财务部门会计人员做账的依据，如果 HR 对凭证的使用操作不正确，就可能引起财务核算错误。

1. 接收原始凭证时不检查抬头

如果 HR 在接收外单位开具的凭证时不仔细检查凭证的抬头，将可能出现表 8-1 所示的问题。

表 8-1 接收原始凭证不检查抬头可能出现的问题

条 目	问 题
1	原始凭证的抬头不是本单位，而是其他单位名称。这是典型的张冠李戴，容易出现经济业务不实的问题，后期可能被税务机关认定为偷逃税款
2	原始凭证的抬头为自然人个人，不是本单位名称。可能造成为个人开具的发票计入集体账目，比如公费私用
3	原始凭证的抬头为空。这种情况下，也可能造成企业后期被税务机关认定为经济业务不实，进而认定企业偷逃税款
4	原始凭证的抬头为不规范的单位名称缩写，后期造成原始凭证审核不通过，要麻烦开具单位重新开具。如果本单位财务人员已经记账，就会涉及调账处理，麻烦且耽误时间

一般来说，非本企业抬头的原始凭证不能计入本企业经济业务内容，除非有足够的证明，证实该原始凭证属于企业且属于可入账范围。因此，HR 收到原始凭证时一定要仔细检查抬头，确保是本企业的单位名称全称或规范的简称。

2. 接收的原始凭证内容错误却不退回重开

如果 HR 接收到的原始凭证中有内容错误，需要退回开具单位重开而没有退回重开的，凭证很可能不符合入账要求，一旦审核不严格，会计人员做账时就可能出错。

接收的原始凭证中可能出现的内容错误有图 8-10 所示的一些。

1. 原始凭证中的大小写金额不一致。这种错误必须退回开具单位重新开具，本企业不能自行修改

2. 重要凭证要素有不合规涂改，比如凭证中金额、摘要或单价等有挖、补、刮、擦等情形。这种错误也必须退回开具单位重新开具，本企业不得自行修改

3. 凭证中重要信息不清楚，如重要信息的字迹不清、数目不详、内容不明等。这种错误可以退回开具单位重开，或者要求开具单位出具相关证明

4. 原始凭证通常都会按规定加盖印章，如发票上应加盖发票章，支票等票据上应加盖专用公章、财务专用章及个人印鉴等。如果这些印章有错误，就可能造成凭证无效，从而给企业带来经济损失，甚至陷入纳税风险

图 8-10　接收的原始凭证中内容错误的情形

3. 原始凭证填制错误

在人力资源部的工作中，HR 可能会制作工资明细表，这也是企业原始凭证之一。可想而知，如果 HR 将员工工资数据填写错误，则财务人员做账时用到的数据就是错误的，形成的账目就会相应出错，最终导致账实不符，增加财务部门的财产清查工作量，进一步还会因为需要调账而增加财务人员的工作难度。

4. HR 不及时向财务部门提交原始凭证

HR 不及时向财务部门提交原始凭证，就可能造成原始凭证记录的日期与报账日期或会计处理日期相差甚远，这显然不符合会计信息质量的"及时性"要求，在企业日常会计处理中，这种现象通常是不允许出现的。因

为如果出现这种现象，就可能存在人为调整企业损益的情况，这是明显的财务舞弊行为，所以，HR 应及时向财务部门提交原始凭证。

5. 凭证保管不善

对企业来说，每个部门几乎都有需要自行保管的凭证，人力资源部门也不例外。如工资明细表、各种需要入账的收据和发票等，需要人力资源部门自行保管的，相关 HR 需要做好保管工作；需要及时提交给财务部门或其他部门的，HR 要按时提交给相关部门。

尤其是需要提交给财务部门的原始凭证，如果保管不善而发生丢失或灭失，将会直接影响财务部门的工作，轻则增加会计人员和其他部门或外单位的工作量，重则发生账目错误，进而陷入纳税风险。

8.3　积极做好财务风险的防范工作

虽然在前面的内容中我们已经知道了一些常见的财务风险防范措施和方法，但 HR 在具体的工作中究竟要怎么做才能达到有效的财务风险防范效果呢？

接下来，将从多个维度展开详细剖析。

8.3.1　及时上报工资变动情况

如果 HR 不及时上报工资变动情况，会存在什么样的财务风险呢？

当企业内部的员工因为调薪或员工数增减等发生工资变动时，HR 应该及时将变动情况提交给财务部门，因为员工工资标准及核算数据直接影响会计人员核算企业的应付职工薪酬，进而影响企业的人力资源成本的统计与核算。

如果不及时上报工资变动情况，财务部门不能及时获取新的工资数据，财务人员就会以原来的工资标准记账，进而可能导致应付职工薪酬比应记数额少或比应记数额多。

当企业应付职工薪酬的金额比应记金额多时，税务核查机关可能会认定企业发生了不合理的工资、薪金支出，在核算当期应缴纳的企业所得税时，税法规定只能扣除合理的工资、薪金支出，这样一来，会计处理上已经在税前扣除的由税法认定为不合理的工资、薪金所得，就需要在计算企业所得税的应纳税所得额时加回，从而增加企业应缴纳企业所得税的税额。这种会导致企业多缴税的可能性也是一种财务风险，属于使企业遭受不必要经济损失的财务风险。

可能此时很多 HR 并不明白，下面通过一个具体的案例来分析。

范例解析 HR 不及时上报工资变动情况引发的财务风险分析

2024 年 9 月，某公司人力资源部向财务部门提交工资明细表，统计出当月实际发生工资总额 24.32 万元。假设该公司当月实现的利润总额为 85.44 万元，但 9 月出现了员工离职的情况，当月工资总额实际上没有 24.32 万元，比如只有 20.68 万元。

如果税务机关核查企业上报的员工人数，认定该公司实际合理的工资、薪金支出应为 20.68 万元。那么，工资中超过 20.68 万元的部分将被认定为不合理工资、薪金支出，不能在税前扣除，也就是说，超过的 3.64 万元（24.32-20.68）工资、薪金支出需要调增当月应纳税所得额，即在利润总额 85.44 万元的基础上加上 3.64 万元，得出调整后的应纳税所得额。

假设该公司不存在其他纳税调整事项，适用所得税税率 25%。

在不调整应纳税所得额的情况下，应交企业所得税 =85.44×25%=21.36（万元）。

如果涉及应纳税所得额的调整，应交企业所得税 =(85.44+3.64)×25%=22.27（万元）。

第二种情况直接导致该公司当月多缴纳 0.91 万元（22.27-21.36）的企业所得税税款。

而如果 HR 及时向本公司财务部门提交了变动后的工资数据，财务人员按照实际发生的金额记账，就不会发生被税务机关认定不合理工资、薪金支出的问题，也就不会发生纳税调增事项，进而不会多缴纳企业所得税税款。

8.3.2 制定科学、合理的人力资源管理制度

HR 要想与人力资源部门一起，协助企业做好人力资源各项管理活动，确保这些活动规范进行，必要的人力资源管理制度是少不了的。它是企业人力资源管理工作具体操作的规范和原则，能促进企业实现人力、物力和财力等方面的有效配置；同时规范 HR 的行为，可以避免因错误操作和办事手续给企业带来财务风险。

不同企业需要根据自身经营和发展情况，制定出符合本企业的人力资源管理制度，保证科学、合理。下面就来看一个范本。

范例解析 ××公司人力资源管理制度

第一章 总则

第一条 为使本公司人力资源管理走上正规化、制度化、现代化的道路，在有章可循的情况下提高人力资源管理水平，造就一支高素质的员工队伍，特制定本制度。

第二条 公司的用人原则：德才兼备，以德为先。

第三条 公司的用人之道：因事择人，因才使用，保证动态平衡。

第四条 公司人力资源管理基本原则：公平、公开、公正，有效激励和约束每一位员工。

1. 公平指坚持在制度面前人人平等的原则，为每位员工提供平等竞争的机会。

2. 公开指强调各项制度的公开性，提高执行的透明度。

3. 公正指对每位员工的工作业绩作出客观公正的评价，并给予合理的回报，同时赋予员工申诉的权利和机会。

第二章 管理机构

第五条 人力资源部是公司从事人力资源管理与开发工作的职能部门，主要职责包括：

1. 依据公司业务实际需要，研究组织职责及权限划分方案及改进方案。

2. 负责制订公司人力资源战略计划，配合公司经营目标，根据人力分析及人力预测的结果，制订人力资源发展计划。

3. 设计、推行、改进、监督人事管理制度及其作业流程，并确保有效实施。

4. 建立广泛、畅通的人才输入渠道，储备人才。

5. 建立和维系良好、稳定的劳动用工关系，促进企业与个人的共同发展。

6. 致力于人力资源的可持续开发和利用，强化人力资本的增值。

7. 创造良好的人才成长环境，建立不同时期下高效的人才激励机制及畅通的人才选拔渠道。

……

第六条 公司实行全面人力资源管理，各部门须由第一责任人主管本部门人力资源工作，有义务提高员工工作能力，创造良好条件，发掘员工潜力，同时配合人力资源部传达、宣传人力资源政策，贯彻执行人力资源管理制度，收集反馈信息。

第三章 员工及编制

第七条 凡公司聘用的正式、试用、临时、兼职人员，均为公司员工。公司将员工划分为管理人员、技术开发人员、市场营销人员、一般行政人员、工人及其他人员六大类别。公司员工的基本行为规范包括：

……

第四章 招聘管理

第十三条 公司将招聘划分为计划内招聘、计划外招聘、公司战略性招聘和特殊渠道引进人才。

……

第五章 劳动合同管理

第二十四条 劳动合同是劳动者与用人单位确定劳动关系、明确双方权利和义务的协议,凡在公司工作的员工都必须按规定与公司签订劳动合同。

……

第十三章 附则

……

在该人力资源管理制度范本中,省略的部分包括:第六章员工档案管理、第七章干部任命制度、第八章员工异动管理、第九章考勤制度、第十章员工培训、第十一章员工考评及第十二章工资及福利。

企业在建立本企业的人力资源管理制度时,内容包括但不限于上述范本展示的这些。

8.3.3 做好人事管理资料的保管

由于人事管理资料涉及企业员工考勤管理、工资核算和社保、住房公积金等的缴纳,与员工的劳动报酬息息相关。因此,为了协助企业财务人员做好员工工资核算工作,人力资源部需要做好人事资料的保管工作。

那么,HR怎样才能做好人事资料的保管工作,避免出现经济纠纷而产生财务风险呢?具体内容如图8-11所示。

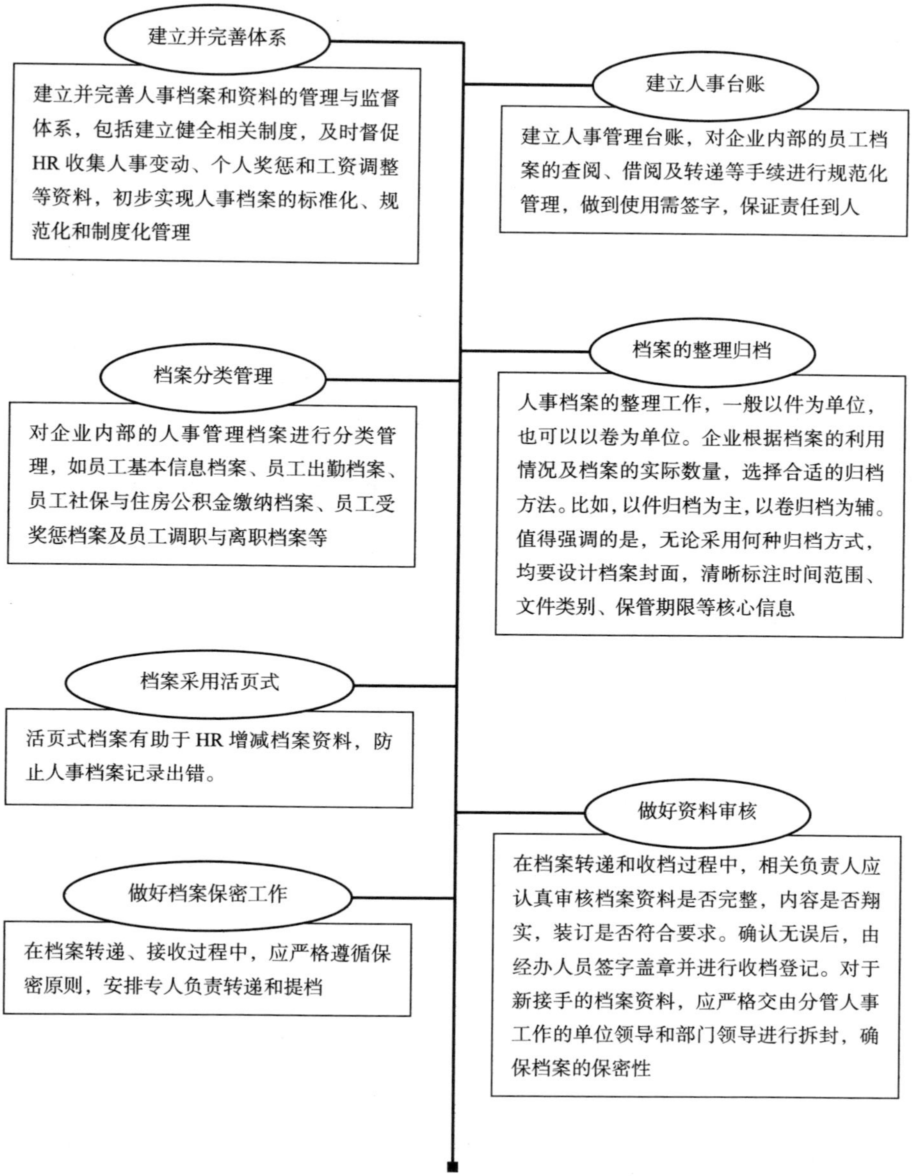

第8章 人力资源管理中的财务风险防范

建立并完善体系
建立并完善人事档案和资料的管理与监督体系，包括建立健全相关制度，及时督促HR收集人事变动、个人奖惩和工资调整等资料，初步实现人事档案的标准化、规范化和制度化管理

建立人事台账
建立人事管理台账，对企业内部的员工档案的查阅、借阅及转递等手续进行规范化管理，做到使用需签字，保证责任到人

档案分类管理
对企业内部的人事管理档案进行分类管理，如员工基本信息档案、员工出勤档案、员工社保与住房公积金缴纳档案、员工受奖惩档案及员工调职与离职档案等

档案的整理归档
人事档案的整理工作，一般以件为单位，也可以以卷为单位。企业根据档案的利用情况及档案的实际数量，选择合适的归档方法。比如，以件归档为主，以卷归档为辅。值得强调的是，无论采用何种归档方式，均要设计档案封面，清晰标注时间范围、文件类别、保管期限等核心信息

档案采用活页式
活页式档案有助于HR增减档案资料，防止人事档案记录出错。

做好资料审核
在档案转递和收档过程中，相关负责人应认真审核档案资料是否完整，内容是否翔实，装订是否符合要求。确认无误后，由经办人员签字盖章并进行收档登记。对于新接手的档案资料，应严格交由分管人事工作的单位领导和部门领导进行拆封，确保档案的保密性

做好档案保密工作
在档案转递、接收过程中，应严格遵循保密原则，安排专人负责转递和提档

图 8-11 做好人事资料保管的方法

8.3.4　积极协助财务人员打击财务舞弊行为

HR协助企业财务人员打击财务舞弊行为，也是一种有效的防范财务风险的做法。实际工作中，可以从下面几个方面展开。

1. 从严监管，从严执法

在实际工作中，应坚决纠正违反职业规范和道德规范的重大问题。如同一家企业出纳兼职会计，或者会计兼职出纳，又或者出纳同时兼任稽核、会计档案保管及收入、支出、费用和债务等账目的登记工作。这些工作和岗位之间应相互分离，由不同的人员负责。

严厉打击会计审计违法违规行为，一方面发现一起、查处一起，做到"零容忍"；另一方面，曝光典型案例，树立行业正气。

2. 综合施策，多措并举

HR协助企业财务部门，综合运用行政监管、市场约束、行业自律和社会监督等多种手段，优化企业内部财务环境，净化风气。

3. 加强监督，打击造假

协助企业财务部门完善财务检查的重点工作，提高检查频次，严格处理处罚，建立自查自纠报告机制，加强本企业财会监督大数据分析，对财务造假进行精准打击，并依法追究相关当事人的责任。

4. 强化日常管理，提高企业审计独立性

协助企业财务部门完善企业会计准则体系，促进部门之间会计数据共享，丰富监管手段，全面提升企业的会计信息质量。同时，提高企业自身的审计独立性，及时、准确发现财务舞弊行为，并做到"接诉必应、限时核查、查实必处、处则从严"。